新・教職課程演習　　第10巻

初等国語科教育

筑波大学人間系准教授　**長田　友紀**
広島大学大学院教授　**山元　隆春**　編著

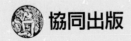
協同出版

刊行の趣旨

　教育は未来を創造する子どもたちを育む重要な営みである。それゆえ，いつの時代においても高い資質・能力を備えた教師を養成することが要請される。本『新・教職課程演習』全22巻は，こうした要請に応えることを目的として，主として教職課程受講者のために編集された演習シリーズである。

　本シリーズは，明治時代から我が国の教員養成の中核を担ってきた旧東京高等師範学校及び旧東京文理科大学の伝統を受け継ぐ筑波大学大学院人間総合科学研究科及び大学院教育研究科と，旧広島高等師範学校及び旧広島文理科大学の伝統を受け継ぐ広島大学大学院人間社会科学研究科（旧大学院教育学研究科）に所属する教員が連携して出版するものである。このような歴史と伝統を有し，教員養成に関する教育研究をリードする両大学の教員が連携協力して，我が国の教員養成の質向上を図るための教職課程の書籍を刊行するのは，歴史上初の試みである。

　本シリーズは，基礎的科目9巻，教科教育法12巻，教育実習・教職実践演習1巻の全22巻で構成されている。各巻の執筆に当たっては，学部の教職課程受講者のレポート作成や学期末試験の参考になる内容，そして教職大学院や教育系大学院の受験準備に役立つ内容，及び大学で受講する授業と学校現場での指導とのギャップを架橋する内容を目指すこととした。そのため，両大学の監修者2名と副監修者4名が，各巻の編者として各大学から原則として1名ずつ依頼し，編者が各巻のテーマに最も適任の方に執筆を依頼した。そして，各巻で具体的な質問項目（Q）を設定し，それに対する解答（A）を与えるという演習形式で執筆していただいた。いずれの巻のどのQ&Aもわかりやすく読み応えのあるものとなっている。本演習書のスタイルは，旧『講座教職課程演習』（協同出版）を踏襲するものである。

　本演習書の刊行は，顧問の野上智行先生（広島大学監事，元神戸大学長），アドバイザーの大髙泉先生（筑波大学名誉教授，常磐大学大学院人間科学研究科長）と髙橋超先生（広島大学名誉教授，比治山学園理事），並びに副監修者の筑波大学人間系教授の浜田博文先生と井田仁康先生，広島大学名誉教授の深澤広明先生と広島大学大学院教授の棚橋健治先生のご理解とご支援による賜物である。また，協同出版株式会社の小貫輝雄社長には，この連携出版を強力に後押しし，辛抱強く見守っていただいた。厚くお礼申し上げたい。

2021年4月

監修者　筑波大学人間系教授　清水　美憲
広島大学大学院教授　小山　正孝

序文

　2020（令和2）年から施行されている『小学校学習指導要領（国語）』には次のような教科目標が示されています。

　言葉による見方・考え方を働かせ，言語活動を通して，国語で正確に理解し適切に表現する資質・能力を次のとおり育成することを目指す。
(1) 日常生活に必要な国語について，その特質を理解し適切に使うことができるようにする。
(2) 日常生活における人との関わりの中で伝え合う力を高め，思考力や想像力を養う。
(3) 言葉がもつよさを認識するとともに，言語感覚を養い，国語の大切さを自覚し，国語を尊重してその能力の向上を図る態度を養う。

　国語科で育成すべき「資質・能力」が明確に記されていることは大きな特徴です。「言葉による見方・考え方」「言語活動」「日常生活に必要な国語」「伝え合う力」「思考力」「想像力」「言葉がもつよさ」「言語感覚」「国語の大切さ」…この教科目標に使われている語句のそれぞれの意味を一人ひとりがどのように捉えるか。そのことは，国語の授業がなぜ必要なのか，国語の授業を通してどのような力を育てるのかという問いを立てることでもあります。

　問いを立てる，ということはこの三つの「資質・能力」を育てるうえで重要な行為です。社会学者ノルベルト・エリアスも「質問する」ことの重要性を次のように言っています。「質問と呼ばれる特定の言語形式は，新しい知識に向かう道の出発点としてしばしば役立つ。それはまた人間の際立った特徴の一つである。人間は問いを発することができる唯一の動物である。」（大平章訳『シンボルの理論』法政大学出版局，2017年，38ページ）

　「新しい知識に向かう道の出発点」に生徒を立たせるための，「良い質問」

の生産を支援するテクノロジー（授業技術）の開発は，これからの国語科教育における重要な課題の一つでもあり，教科目標に掲げられた三つの「資質・能力」を育成する鍵となります。

　従来の初等国語科教育のテキストと比して，本書の特長をあえて申し上げると，各項目の記述がそれぞれ「問い」に答えるかたちで為されているところにあります。執筆者の皆様にはご多忙のなか，それぞれの豊かな経験と知見にもとづいて「問い」に対する「解」を示していただきました。できれば，読者の皆様もそれぞれの「問い」に対する自分の「解」をもちながらお読みください。同じ「問い」を共有した執筆者との対話がうまれるはずです。その対話の過程で立ち上がるはずのあたらしい各自の「問い」が，一人ひとりのこれからの実践の核になることを願ってやみません。

　ダン・ロスステインとルース・サンタナの『たった一つを変えるだけ』（吉田新一郎訳，新評論，2015年）が教えるように，生徒の「質問」を引き出していくことは，本や文章を読むことの授業においても理解について多くの「発見」を導きます。変えるべき「たった一つ」とは，答える側から問う側に立ち位置を変えるということです。ただそのためには，よい問い方を追究することが必要です。本書に掲げられた小学校国語科教育についてのあらゆる「問い」に是非ともお一人おひとりの改良を加えてみてください。そのことが，これまでに問われてこなかった問題を見出すきっかけになるかもしれません。それは自分の頭を使って「考える」ことで得られたあなた自身の知的な宝物です。

　　2021年10月

　　　　　　　　　　　　　　　　　　　編者　長田友紀・山元隆春

目次

第7章　国語科教材研究の視点

第 1 章

国語科の目的・目標

Q1 小学校国語科における学習指導要領の目標は どのように変化してきたかを述べなさい

1．平成29年小学校学習指導要領における国語科の目標

　目標の変遷を見るのは，現在の目標の特質を知るには有効である。まず現行の目標を確認した上で，昭和22年から現在に至る変化を見ていく。

　中央教育審議会答申（平成28年12月）では，目指す資質・能力を，ア）知識・技能の習得，イ）思考力・判断力・表現力等の育成，ウ）学びに向かう力・人間性等の涵養の3点に整理し，各教科等に反映させた。すなわち，国語科の目標は，「言葉による見方・考え方を働かせ，言語活動を通して，国語で正確に理解し適切に表現する資質・能力を次のとおり育成することを目指す。／（1）日常生活に必要な国語について，その特質を理解し適切に使うことができるようにする。／（2）日常生活における人との関わりの中で伝え合う力を高め，思考力や想像力を養う。／（3）言葉がもつよさを認識するとともに，言語感覚を養い，国語の大切さを自覚し，国語を尊重してその能力の向上を図る態度を養う。」となった。(1) は知識・技能，(2) は思考力・判断力・表現力等，(3) は学びに向かう力，人間性，である。(2) における言語活動を通して，(1) の言語の知識や技能を運用できるようにして，(3) で社会生活にいかすという図式である。各教科等の目標や内容の統一的な整理は，これまで例がなく，今学習指導要領改訂の大きな特徴と言える。平成29年改訂によって，国語科は，言語活動を通して社会生活で役立つ国語の能力を育成するという特質が顕著となった。

2．昭和22，26年改訂小学校学習指導要領における国語科の目標

　昭和22年の目標は「一　表現意欲を盛んにし，かっぱつな言語活動をすることによって，社会生活を円滑にしようとする要求と能力とを発達させること。／二　自分を社会に適応させ，個性を伸ばし，また，他人を動かす手

段として，効果的に，話したり，書いたりしようとする要求と能力とを発達させること。／三　知識を求めるため，娯楽のため，豊かな文学を味わうためというような，いろいろなばあいに応ずる読書のしかたを，身につけようとする要求と能力とを発達させること。／四　正しく美しいことばを用いることによって，社会生活を向上させようとする要求と能力とを発達させること。」とあり，社会生活に役立ち，それを向上させる資質や能力を育成することが目指されている。昭和26年改訂版の国語科の一般目標は「1　自分に必要な知識を求めたり，情報を得ていくために，他人の話に耳を傾ける習慣と態度を養い，技能と能力をみがく。／2　自分の意志を伝えて他人を動かすために，生き生きとした話をしようとする習慣と態度を養い，技能と能力をみがく。／3　知識を求めたり，情報を得たりするため，経験を広めるため，娯楽と鑑賞のために広く読書しようとする習慣と態度を養い，技能と能力をみがく。／4　自分の考えをまとめたり，他人に訴えたりするために，はっきりと，正しく，わかりやすく，独創的に書こうとする習慣と態度を養い，技能と能力をみがく。」とある。両者は社会生活に役立つ資質や能力を育成するという点で共通し，このことは平成29年改訂小学校学習指導要領にも通じるものである。

3．昭和33，43年改訂小学校学習指導要領における国語科の目標

　昭和33年改訂の目標は「1　日常生活に必要な国語の能力を養い，思考力を伸ばし，心情を豊かにして，言語生活の向上を図る。／2　経験を広め，知識や情報を求め，また，楽しみを得るために，正しく話を聞き文章を読む態度や技能を養う。／3　経験したこと，感じたこと，考えたことをまとめ，また，人に伝えるために，正しくわかりやすく話をし文章に書く態度や技能を養う。／4　聞き話し読み書く能力をいっそう確実にするために，国語に対する関心や自覚をもつようにする。」である。昭和43年度では「生活に必要な国語を正確に理解し表現する能力を養い，国語を尊重する態度を育てる。／このため，1　国語で思考し創造する能力と態度を養う。／2　国語による理解と表現を通して，知識を身につけ，心情を豊かにする。／3

国語による伝達の役割を自覚して，社会生活を高める能力と態度を養う。／
4　国語に対する関心を深め，言語感覚を養い，国語を愛護する態度を育て
る。」である。昭和43年度版から言語感覚の用語が使われ，言語経験の重視
の傾向がやや後退して，次第に言語能力が重視されるようになる。

4．昭和52年改訂，平成元年改訂小学校学習指導要領における国語科の目標

　昭和52年改訂の目標は「国語を正確に理解し表現する能力を養うととも
に，国語に対する関心を深め，言語感覚を養い，国語を尊重する態度を育て
る。」とあり，平成元年度では「国語を正確に理解し適切に表現する能力を
育てるとともに，思考力や想像力及び言語感覚を養い，国語に対する関心を
深め国語を尊重する態度を育てる。」となって，新たに「思考力や想像力」
が追加された。それまでと比べると極めて簡潔で，社会生活などの文言が削
られ，言語能力の育成が特に強調されている。それまでの「話すこと・聞く
こと」，「読むこと」，「書くこと」の3領域が，昭和52年度から「理解」，「表
現」の2領域になり，各学年の目標もまた「理解」，「表現」の2つの目標で
示されるようになった。

5．平成10,20年改訂小学校学習指導要領における国語科の目標

　平成10，20年改訂の目標は，ともに「国語を適切に表現し正確に理解す
る能力を育成し，伝え合う力を高めるとともに，思考力や想像力及び言語感
覚を養い，国語に対する関心を深め国語を尊重する態度を育てる。」であり，
表現は相変わらず簡潔であるが，これまで理解が表現に先立って示されてい
たが，これが逆転し，伝え合う力の育成を中心に社会生活における言語活動
つまり言語経験が再び重視されるようになった。領域も，「理解」，「表現」
の2領域から「話すこと・聞くこと」，「書くこと」，「読むこと」の3領域に
戻され，各領域の内容には言語活動が位置付けられ，知識や技能が言語活動
を通して，つまり言語運用能力として育成されることが目指される。その流
れが平成29年の改訂につながっている。

（寺井正憲）

Q2　小学校の国語科教育は何を目指すのか

1．3つの「資質・能力」の育成

　平成19（2007）年の「学校教育法」の改正を踏まえた中央教育審議会答申「幼稚園，小学校，中学校，高等学校及び特別支援学校の学習指導要領等の改善及び必要な方策等について」（平成28年12月）では，「『生きる力』をより具体化し，教育課程全体を通して育成を目指す資質・能力」として3つの「柱」が示されている。

①何を理解しているか，何ができるか（生きて働く「知識・技能」の習得）

②理解していること・できることをどう使うか（未知の状況にも対応できる「思考力・判断力・表現力等」の育成）

③どのように社会・世界と関わり，よりよい人生を送るか（学びを人生や社会に生かそうとする「学びに向かう力，人間性等」の涵養）

　これらの「資質・能力」を国語科としてどのように意味付け，位置付けることができるのか。平成29年改訂小学校学習指導要領（国語）は，この①～③の「資質・能力」を育てることを目指し，そのための具体的方策を提示したものだが，中央教育審議会答申でここまで明確に「資質・能力」が示されたのは，はじめてのことである。こうした経緯を経て，「社会に開かれた教育課程」を目指した平成29年改訂の小学校学習指導要領が作られた。国語の教科目標にも3つの「資質・能力」が明確に反映された。

　目標の前段で「国語で正確に理解し適切に表現する資質・能力」が国語科で「育成」すべきものであることが示された後，「日常生活に必要な国語について，その特質を理解し適切に使うことができるようにする」，「日常生活における人との関わりの中で伝え合う力を高め，思考力や想像力を養う」，「言葉がもつよさを認識するとともに，言語感覚を養い，国語の大切さを自覚し，国語を尊重してその能力の向上を図る態度を養う」とされている。

2. 日常生活に必要な国語の力の育成と「言葉による見方・考え方」

　「日常生活」という語が用いられたのは昭和33（1958）年改訂学習指導要領（国語）以来のことである。このたびは子どもの身近な生活環境を指示する意味合いが強い。それだけにその「日常生活」の内実も，1950年代とは大きく異なっていることに注意を払う必要がある。子どもを取り巻く「日常」は日々変化していく。子どもを取り巻く言語環境の変化を意識しながら「日常生活に必要な国語」の内実を見極めていく必要がある。

　また，中央教育審議会答申では「自分の思いや考えを深めるため，対象と言葉，言葉と言葉の関係を，言葉の意味，働き，使い方等に着目して捉え，その関係性を問い直して意味付けること」としての「言葉による見方・考え方」が，今後の国語科教育において特に重要だとされている。

　「言葉による見方・考え方」とは，対象と言葉，言葉と言葉を関連付けて，意味付ける行為を指していると考えられる。「学校教育法」第21条でも「生活に必要な国語を正しく理解し，使用する基礎的な能力を養うこと」が小学校教育の重要な目標とされている。「理解」して「使用」することができるように指導や支援を進めるためには，どのように言葉を使えば，人が認識能力（認知能力）を身に付けていくことができるのか，その内実を明らかにしていく必要がある。

　「言葉による見方・考え方」をいかすための，すなわち，対象と言葉，言葉と言葉を関連付け，意味付けるための方法にどのようなものがあるか。小学校における国語科教育を展開していくうえで，その方法を見極めて，子どもたちにその方法の使い方と成果を示していく必要がある。

　「関連付ける」「質問する」「推測する」「イメージを描く」「何が大切かを見極める」「解釈する」「修正しながら意味を捉える」という，エリン・オリヴァー・キーンの言う7つの理解方略（優れた読み手の使う理解するために必要な方法）は「言葉による見方・考え方」をいかす「方法」の中心となるだろう。

3．自立した読み手を育てる「読む文化」の形成

「学校教育法」第21条5号が「読書に親しませ」というフレーズから始められていることも，これからの国語科教育の方向を考える上で大切なことである。平成10年改訂小学校学習指導要領では「学校図書館」を活用することが強調されたものの，読書教育の目標は各学年域とも「態度を育てる」という記載の仕方であった。「内容」についても「興味をもつ」という文言が用いられている。平成20年改訂では「選んで読む」「目的に応じて」という文言が用いられ，学習者に「読書」に関する選択する力が求められた。また，新たに設けられた「言語活動例」の多くが読書活動を含むものとなった。こうした背景のもと，平成29年改訂では，「読書」を「国語科で育成を目指す資質・能力をより高める重要な活動の一つ」とし，「読書指導の改善・充実」が学習指導要領改訂の際の重要な柱とされた。「生活に必要な国語を正しく理解し，使用する基礎的な能力」の根源に「読書」があるということを明示したものとみなすことができる。小学校学習指導要領（国語）における「読書」の位置を考えるうえでも重要なことである。これからの国語科教育では，その指導計画のなかで「読書」を扱っていくことが求められていると言っていい。「読解」「読書」の区別を超えた「読む文化」を学校でつくっていくことを目指す必要がある。

参考文献
エリン・オリヴァー・キーン（山元隆春・吉田新一郎訳）（2014）『理解するってどういうこと？』新曜社．
中央教育審議会（2016）「幼稚園，小学校，中学校，高等学校及び特別支援学校の学習指導要領等の改善及び必要な方策等について（答申）」．
文部科学省（2017）『小学校学習指導要領（平成29年告示）解説　国語編』．

（山元隆春）

第2章

国語科の内容構成

Q1 話すこと・聞くことの内容構成は どのようなものか

1．話し言葉の領域と使用の際の意識をめぐって

　話すこと・聞くことの基盤となる話し言葉の領域について，その枠組みを示したのが西尾実（1947）であった。西尾は話し手と聞き手の関係，また聞き手の人数によって，話し言葉の領域を独話，対話，そして会話としている。独話は話し手と聞き手が「一対一」もしくは「一対多」で，話し手と聞き手が比較的固定している形態，対話は話し手と聞き手が「一対一」で両者が随時交代する形態，会話は話し手と聞き手が「一対多」で随時交代する形態を指す。それぞれの形態は話題の一貫性，目的の明確さなどによって，特殊形態を発達させているとされる。独話の特殊形態が講義・講話・講演，対話の特殊形態が問答・対談，会話の特殊形態が討議・討論・協議・鼎談などになる。話すこと・聞くことの活動はこれらの形態に整理される。

　学習指導においてはこれらの形態に即して言語生活者としての資質を高めることを目指すことになる。そのための視点については倉澤栄吉の一連の仕事が示唆的である。倉澤栄吉（1948）では言語使用の場面を検討するうえで参照するための「言語三角形」を提案している。話し手（自分），聞き手（相手），ことがら（話題・題材）の３つを頂点とする三角形を考え，各頂点をつなぐ三角形の中心に言葉を位置付ける図式である。この図式によるならば，言語使用に際して主体の意識は，ことがら，言葉，相手とともに，話し手として，あるいは聞き手としての自分自身にも向かうことになると理解される。

　話すこと・聞くことの内容は，以上の話し言葉の形態と言語行動主体の意識によって構成されるものとして説明できる。

2．国語科における話すこと・聞くことの位置付け

　国語科の内容としての話し言葉の形態と言語行動主体の意識にかかわる指

導事項を具体化したのが学習指導要領である。

　平成29年改訂小学校学習指導要領において，国語科は他の諸教科と同様，その内容を〔知識及び技能〕及び〔思考力，判断力，表現力等〕によって構成している。話すこと・聞くことの内容構成を検討するためには，〔知識及び技能〕中の「言葉の特徴や使い方に関する事項」，〔思考力，判断力，表現力等〕中の「A話すこと・聞くこと」を視野におく必要がある。

（1）〔知識及び技能〕における内容

　「言葉の特徴や使い方に関する事項」のうち話すこと・聞くことの内容として挙げられるのは，発音・発声や文字言語と音声言語の関係にかかわる系列と，言葉遣いにかかわる系列である。これらは「言語三角形」の中心に位置づく「ことば」における「知識及び技能」に関する事項として理解できる。

　前者では姿勢や口形，発声や発音に注意して話すことを出発点とし，相手を見て話したり聞いたりすること，音節と文字との関係，アクセントによる語の意味の違いなどに気付くこと，言葉の抑揚や強弱，間の取り方などに注意して話すこと，話し言葉と書き言葉との違いに気付くことが求められている。後者では丁寧な言葉と普通の言葉との違いに気を付けて使うことから始まり，日常よく使われる敬語を理解し使い慣れることまでが示されている。

（2）「A話すこと・聞くこと」の内容

　〔思考力，判断力，表現力等〕のうちの「A話すこと・聞くこと」については，他の領域と同じく，（1）指導事項と（2）言語活動例から構成されている。例として挙げられた言語活動を参考に，児童の興味関心，また学習の状況などに応じて設定した話すこと・聞くことにかかわる実際の言語活動を通して指導事項を指導することになるのである。

「(1) 指導事項」

　話すこと・聞くことの指導事項は，小学校の6年間を貫いて5事項から構成されている。いずれも「言語三角形」の各頂点とことばにかかわる意識を方向付ける内容である。

　1つ目は「話題の設定，情報の収集，内容の検討」にかかわる事項である。目的を踏まえて，ことがらに向けた意識の在り方にかかわる内容であ

る。2つ目は話す際の「構成の検討，考えの形成」にかかわる事項である。聞き手の理解を考えてことがらを再構成する内容である。3つ目は話す際の「表現，共有」にかかわる事項である。これは聞き手の理解を考えるという意味では2つ目と共通するが，とくに言葉の抑揚や強弱，間の取り方など，言葉の使用に意識を向ける事項である。4つ目は聞くことに際しての「構造と内容の把握，精査・解釈，考えの形成，共有」にかかわる事項である。話し手の目的や自分が聞こうとする意図に応じて，話の内容を捉え，自らの考えをまとめることが求められている。5つ目は話し合う際の「話合いの進め方の検討，考えの形成，共有」にかかわる系列である。話し合いへの参加の仕方とともに話し合いを通して考えを広げ，あるいは深める系列である。

(2) 言語活動例

学習指導要領に挙げられた言語活動例は3類型に分けられる。

西尾実の分類によるならば，1つ目が独話の系列である。紹介や説明，報告や意見など，目的に応じて伝え，聞き手としては聞いて確認したり感想を述べたりする活動である。これは第1学年から第6学年に至るまで設定されている。2つ目が対話の系列である。目的に応じて質問したり，インタビューを行ったりして情報を集め，それを発表する活動である。これは第3学年以上に設定されている。3つ目が会話の系列である。互いの考えを伝え合い話し合う活動である。これは第1学年から第6学年にいたるまで，人数の規模を大きくしつつ設定されている。

参考文献

倉澤栄吉（1948）『国語学習指導の方法』世界社（『倉澤栄吉国語教育全集』第一巻，1987年，角川書店に再録）.

西尾実（1947）『言葉とその文化』岩波書店（『西尾実国語教育全集』第四巻，1975年，教育出版に再録）.

（甲斐雄一郎）

Q2　読むこと（文学的文章）の内容構成は
どのようなものか

　平成29年改訂小学校学習指導要領では学習者の身につける「資質・能力」の明確化が行われた。小学校国語科の場合も〔思考力，判断力，表現力等〕という資質・能力のなかに「C　読むこと」が位置づけられた。「読むこと」の指導事項の「内容」（1）は，「構造と内容の把握」「精査・解釈」「考えの形成」「共有」という4つの「学習過程」に沿って示されている。

○構造と内容の把握…叙述を基に，文章の構成や展開を捉えたり，内容を理解したりすること

○精査・解釈…文章の内容や形式に着目して読み，目的に応じて必要な情報を見付けることや，書かれていること，あるいは書かれていないことについて，具体的に想像することなど

○考えの形成…文章の構造と内容を捉え，精査・解釈することを通して理解したことに基づいて，自分の既有の知識や様々な体験と結び付けて感想をもったり考えをまとめたりしていくこと

○共有…文章を読んで形成してきた自分の考えを表現し，互いの考えを認め合ったり，比較して違いに気付いたりすることを通して，自分の考えを広げていくこと

　文学作品を読むことに関する指導事項もこの枠組みのなかで扱われることになる。この4つの学習過程のそれぞれで「文学的文章」を国語科の授業で扱うときに，どのような目標と内容を設定すればいいのかということを考えていく必要がある。とくに「文学的文章」に特徴的な指導事項が表れるのは「精査・解釈」にあたる「イ」「エ」の事項である。また「考えの形成」と「共有」は，文学的文章だけの指導事項ではないが，詩歌や物語を読む学習では理解を広げたり深めたりする働きをもつ。

　「学習過程」のそれぞれについて，低・中・高学年の違いを検討してみよう。

「内容」の「イ」は次のように書かれている。

（第1・2学年）：場面の様子や登場人物の行動など，内容の大体を捉えること。

（第3・4学年）：登場人物の行動や気持ちなどについて，叙述を基に捉えること。

（第5・6学年）：登場人物の相互関係や心情などについて，描写を基に捉えること。

　「精査・解釈」の対象は「場面の様子」「登場人物の行動」（第1・2学年），「登場人物の行動や気持ち」（第3・4学年），「登場人物の相互関係や心情」（第5・6学年）となっていて，それぞれの対象の把握の仕方の焦点は，「内容の大体」（第1・2学年）→「叙述を基に」（第3・4学年）→「描写を基に」（第5・6学年）という違いがある。

　『小学校学習指導要領（平成）解説　国語編』には「叙述を基に」の定義付けは見られないが，中学年（第3・4学年）では作品の言葉に忠実に「精査・解釈」することが求められていると考えることができる。これに対して，高学年（第5・6学年）では作品の言葉のなかでも「描写」の部分についての推論が求められていると考えることができる。高学年の「描写を基に」の「描写」とは『解説』によれば「物事の様子や場面，行動や心情などを，読み手が想像できるように描いたもの」である。低学年では文学的文章の「場面の様子」「登場人物の行動」等を大まかにつかむことができればいいということになる。中学年では文学的文章の言葉に忠実に「登場人物の行動や気持ち」を把握すること，そして，高学年では文学的文章の言葉を手がかりにして「登場人物の相互関係や心情など」を推測することが求められている。

　「内容」の「エ」については次のように示されている。

（第1・2学年）：場面の様子に着目して，登場人物の行動を具体的に想像すること。

（第3・4学年）：登場人物の気持ちの変化や性格，情景について，場面の移り変わりと結び付けて具体的に想像すること。

（第5・6学年）：人物像や物語などの全体像を具体的に想像したり，表現の

効果を考えたりすること。

「エ」では，どの学年でも「想像する」ことが求められている。「想像する」ためには「イメージを描く」という理解のための方法（理解方略）を用いる必要がある。低学年では「場面の様子」から「登場人物の行動」が具体的にどのようになっているかということのイメージを描くことが求められ，中学年では登場人物の「変化」を「場面の移り変わり」と関連付けながらそのイメージを描くことが求められている。低学年との違いは「場面」を越えた関連付けが求められているという点である。高学年では「登場人物や物語などの全体像」を具体的に「想像」することが求められる。中学年までで学んだ「関連付ける」という理解のための方法を駆使して，「人物像」や「物語」の一貫性を形成することが求められていると言っていい。部分的な「像」の形成ができるだけでは，中学年での学習目標を達成したことにとどまるということでもある。また，「表現の効果」にも目を向けるような「精査・解釈」が求められているが，このことは文学的文章の「語り」の目的を探るようにして読む行為を求めるものでもある。

では，学習過程の残りの2つではどのような学習内容が想定されているのだろうか。「考えの形成」にあたる「オ」は次のように書かれている。

（第1・2学年）：文章の内容と自分の体験とを結び付けて，感想をもつこと。

（第3・4学年）：文章を読んで理解したことに基づいて，感想や考えをもつこと。

（第5・6学年）：文章を読んで理解したことに基づいて，自分の考えをまとめること。

いずれも文章と関わるなかで読者が意味をつくり出す過程を重んじた指導事項である。低学年は「自分の体験」との関連付けが重んじられている。中学年以降は，文章と関わる過程で生み出された理解を言葉にすることが求められている。高学年では「自分の考え」をより集約することが求められている。

「共有」にあたる「カ」の事項は次のように書かれている。

（第1・2学年）：文章を読んで感じたことやわかったことを共有すること。

（第3・4学年）：文章を読んで感じたことや考えたことを共有し，一人一人

の感じ方などに違いがあることに気付くこと。

（第5・6学年）：文章を読んでまとめた意見や感想を共有し，自分の考えを広げること。

　「共有」とは分かち合うことであるが，まず低学年では，各自の考えを「分かち合う」ことができるようになることが求められる。中学年では，「分かち合う」中で「一人一人」の「違い」に「気付く」ことが目指されている。「違い」の重要性に気付くことがここでは重要である。そのうえで，高学年では「分かち合う」ことによって「自分の考え」を「広げる」ことが目指される。おそらく「広げる」だけではなく「深める」ことにもなるが，そのことが「共有」という学習過程の意義であることは言うまでもない。

　　このように検討してみると，「学習過程」のそれぞれの局面で，「文学的文章」を「読むこと」の学習指導でどのような成長を求めていくのか，その目安が明確にされていることがわかる。

　　(2) の「言語活動例」としては，次のような活動が挙げられている。

（第1・2学年）：読み聞かせを聞いたり物語などを読んだりして，内容や感想などを伝え合ったり，演じたりする活動。

（第3・4学年）：詩や物語などを読み，内容を説明したり，考えたことなどを伝え合ったりする活動。

（第5・6学年）：詩や物語，伝記などを読み，内容を説明したり，自分の生き方などについて考えたことを伝え合ったりする活動。

　　低学年では「演じ」ることが求められているが，中・高学年では考えたことなどを言葉にして「伝え合」う活動が提示されている。もちろん，「伝え合」う手段は言葉だけではない。一人読みでひたすら読んで感じたことを分かち合い，個々の文学作品を読む行為がお互いの考えを広げたり，深めたりするための資源になるような学習が展開されることが期待されている。

（山元隆春）

Q3　読むこと（説明的文章）の内容構成は　どのようなものか

1．小学校説明的文章の学習の内容構成

　平成元年度告示学習指導要領が転機となって，情報処理中心だった説明的文章の学力の再検討が行われ，情報と情報との関係性の把握力や説明的文章の読みによる問題解決力，協働的に情報や論理を判断する力，自分から情報を発信できる力，説明的な表現の評価力などが求められるようになった。そして，説明的文章における主張に対する賛否の立場の表明，及びその論述が要求されるようになった。さらには，その論証のすじみちを可視的に公開（プレゼンテーション）する力も重視されるようになっている。

（1）情報を処理し，情報と情報との関係性をとらえる力の育成

　「じどう車くらべ」（光村図書1年）を例に考える。この教材は，一見，「じどう車」についての未知の詳しい情報を提供しているように見えるが，その情報は，「つくり」と「はたらき」に分けて提示されている。学習者は，この観点に従って，この両者の関係性を納得しつつ，複数の「じどう車」の事例の関係を考えながらとらえていくことを学ぶ。一種の因果関係のひな型を学んでいくことになる。この教材は，情報処理から情報相互の関係把握，そして因果関係のひな型の学習へと展開する学力観を明確にした学習が成立するように用意された教材となっている。さらに，教材に示された事例と論理構成を基に新たな情報（絵本など）を収集し，同じように「つくり」と「はたらき」の関係で文章として表現し，発信できる学習も設定されている。ただし，低学年段階は，示された情報をそのまま受容することが前提である。

（2）問いと答えの関係を確認（検証）する力の育成

　「ビーバーの大工事」（東京書籍2年）を取り上げて，分析する。この教材は，実際にはほとんどの学習者が見たことのない「ビーバー」という動物の

行動が題材となっている。その新奇な行動に関する情報の受容と整理に目が向くことになるが，よく見ると，これらの情報も一定の論理によって構成されていることがわかる。「ビーバーの大工事」という題名自体が，一種の矛盾を提示しており，問題提起となっている。「工事」をするわけがない「ビーバー」が「大工事」のように見える行動をとるというので，当然その目的が問われることになる。この問題意識で読みを整理すると，最後の「ビーバーがダムを作るのは」「てきにおそわれないあんぜんなすを作るためなのです」という答え（解）が理解できることになる。この教材は，問題が解決されながら，最後の目的が達成できる答えに至るすじみち（因果関係）を確認・検証して，納得するための教材として作られているのである。この教材も低学年教材なので，示された情報をそのまま受容することが前提である。

（3）情報の適否や論理の適切さを吟味・検証する力の育成

「ありの行列」（光村図書3年）がある。内容は，「あり」が「行列」をつくる理由と仕組みを提示したものである。冒頭に「ありは，ものがよく見え」ないのに，「なぜ」「行列ができるの」かという問いがあり，その問いは少しずつ高次に再設定されていく。次の問いは，「ふしぎなことに，（「たくさんのはたらきありが」「さとうの所まで行く」）その行列は，はじめのありが巣に帰るときに通った道すじから，外れていない」である。一種の仮説の導出といってもいい。これで往復が同一の「道すじ」であることを証明する必要が出てくる。これは次の段階で「帰るときも，行列の道すじはかわりません」で証明される。最終的に，その「道すじ」を導くための「道しるべ」が「におい」であることが証明されて，末尾に「においをたどって，えさの所へ行ったり，巣に帰ったりするので，ありの行列ができる」と問いに対する答えが総括されている。この教材は，問いを証明するために用いる情報の適否，そこから導かれる論理の適切さを確認・検証するために適した教材となっている。また，表現として，前半は「～た」と個別の事象（できごと等）を正確に示して，それを根拠に証明を行うという方法をとっており，本格的な論証学習の導入教材として位置付けられる。中学年からこの種の教材が登場し，論証的に読む力の育成を重視していくことになる。

（4）筆者の主張を理解し，自分の考えを形成し，表現する力の育成

　高学年になると，明確な主張をもった論説文タイプの説明的文章教材が現れてくる。情報及びその構成による論理が中心だった説明的文章に意見文・主張文の性格をもつ論説文が加わってくる。これは，高学年では学習経験や生活経験の蓄積と分析に基づく社会的参加意識が求められるようになってくることによる。「平和のとりでを築く」（光村図書6年）は，自分の意見を形成するための資料の扱いだが，学習の実質は，筆者の主張をどのように受け止め，どのように自分の考えを形成し，意見として表現するかである。不特定多数の読者（意見の受信者）に向けた説得力のある意見文を表すことが求められる。小学校段階の総決算的な学習が見込まれている。

2．小学校の説明的文章学習と中学校の説明的文章学習の連携

　説明的文章学習においては小学校と中学校の学習の連続性の不調がしばしば指摘される。小学校6年生教材と中学校1年生の類似性を十分に踏まえた学習を組織することが必要である。

参考文献

吉川芳則（2017）『批判読み（クリティカル・リーディング）の授業づくり — 説明的文章の指導が変わる理論と方法』明治図書出版.

河野順子（2019）「説明的文章指導の目標と内容」『新たな時代の学びを創る — 小学校国語科教育研究』pp.137-140.

吉川芳則（2019）「説明的文章の方法」『新たな時代の学びを創る — 小学校国語科教育研究』pp.137-140, pp.141-144.

間瀬茂夫（2017）『説明的文章の読みの学力形成論』溪水社.

（植山俊宏）

Q4　書くことの内容構成はどのようなものか

1.「B　書くこと」領域の内容構成

　平成29年改訂の小学校学習指導要領（以下，学習指導要領）の，〔思考力，判断力，表現力等〕の「B　書くこと」の領域は，「(1) 指導事項」と「(2) 言語活動例」とで構成されている。「(1) 指導事項」は学習過程に沿って，「(2) 言語活動例」は，「説明的な文章」，「実用的な文章」，「文学的な文章」を書く活動で構成されており，「経験したこと」から「考えたこと」へ，また，第5学年及び第6学年では「文章全体」を視野に入れるなどの段階性が見られる。

(1)「(1) 指導事項」の内容構成

　「(1) 指導事項」は，学習過程に沿って，「題材の設定，情報の収集，内容の検討」（書くことを見付けたり，相手や目的，意図に応じて書くことを選んだりするとともに，必要な材料を整理し，伝えたいことを明確にすること），「構成の検討」（自分の思いや考えが明確になるように文章の構成を考えること），「考えの形成，記述」（自分の考えを明確にし，書き表し方を工夫すること），「推敲」（記述した文章を読み返し，構成や書き表し方などに着目して文や文章を整えること），「共有」（文章に対する感想や意見を伝え合い，自分の文章の内容や表現のよいところを見付けること）で構成されている。ただし，『小学校学習指導要領（平成29年告示）解説 国語編』（以下，『解説』）には，「ここに示す学習過程は指導の順序性を示すものではない」，「必ずしも順番に指導する必要はない」と述べられている。

　各項目の特徴的な記述を挙げると，「題材の設定」では，第1学年及び第2学年は「経験したことや想像したことなど」，第3学年及び第4学年は「相手や目的を意識して，経験したことや想像したことなど」，第5学年及び第6学年は「目的や意図に応じて，感じたことや考えたことなど」が示されている。「情報の収集，内容の検討」では，第1学年及び第2学年は「必要な

事柄を集めたり確かめたりして」，第3学年及び第4学年は「集めた材料を比較したり分類したりして」，第5学年及び第6学年は「集めた材料を分類したり関係付けたりして」が示されている。

「構成の検討」では，第1学年及び第2学年は「事柄の順序に沿って」，第3学年及び第4学年は「書く内容の中心を明確にし，内容のまとまりで段落をつくったり，段落相互の関係に注意したりして」，第5学年及び第6学年は「筋道の通った文章となるように」が示されている。

「考えの形成，記述」では，第1学年及び第2学年は「語と語や文と文との続き方に注意しながら，内容のまとまりが分かるように」，第3学年及び第4学年は「自分の考えとそれを支える理由や事例との関係を明確に」，第5学年及び第6学年は「簡単に書いたり詳しく書いたり」「事実と感想，意見とを区別して」「引用したり，図表やグラフなどを用いたり」とある。

「推敲」では，第1学年及び第2学年は「文章を読み返す習慣を付けるとともに，間違いを正したり，語と語や文と文との続き方を確かめたりすること」，第3学年及び第4学年では「間違いを正したり，相手や目的を意識した表現になっているかを確かめたりして」，第5学年及び第6学年では「文章全体の構成や書き表し方などに着目して」が示されている。

「共有」では，第1学年及び第2学年の「文章に対する感想を伝え合い，自分の文章の内容や表現のよいところを見付けること」を踏まえ，第3学年及び第4学年では「書こうとしたことが」，第5学年及び第6学年では「文章全体の構成や展開が」「明確になっているか」という観点が示されている。

（2）「（2）言語活動例」の内容構成

第1学年及び第2学年と，第3学年及び第4学年には，ア（説明的な文章を書く活動），イ（実用的な文章を書く活動），ウ（文学的な文章を書く活動）が，第5学年及び第6学年には，ア（説明的な文章を書く活動），イ・ウ（文学的な文章を書く活動）が提示されている。

「説明的な文章を書く活動」は，第1学年及び第2学年に「見聞きしたことを書く」，第3学年及び第4学年に「事実やそれを基に考えたことを書く」，第5学年及び第6学年に「考えたことや伝えたいことを書く」活動が示され

ている。「実用的な文章を書く活動」は，第1学年及び第2学年に「日記や手紙」，第3学年及び第4学年に「行事の案内やお礼の文章」「手紙」が示されている。「文学的な文章を書く活動」は，第1学年及び第2学年に「簡単な物語」が，第3学年及び第4学年に「詩や物語」が，第5学年及び第6学年に「短歌や俳句」，「事実や経験を基に，感じたり考えたりしたことや自分にとっての意味について文章に書く活動」が示されている。

2．他領域との関連

　「(1) 指導事項」のア～オ・カは，相互に密接な関連をもっている。また，「A話すこと・聞くこと」の指導事項の観点（「話題の設定」から「共有」まで）と共通しており，「比較」「分類」「引用」などは「情報の扱い方に関する事項」と重なっている。「言葉の特徴や使い方に関する事項」が基礎となることはいうまでもない。とくに，語彙は，学習者のものの見方の拡充の点からも重要である。「各教科等の学習や児童の日常生活での経験などと関連させ」ることも，『解説』では述べられている。「書くこと」は，書き手の認識や思考に深く関わる行為であるだけに，多面的な関連を意識しながら，その内容構成について考える必要がある。

　学習指導要領の指導事項は，学習過程を基準としているが，例えば，文章の種類・表現形態を観点とすることもできる。言語活動例に示された文種以外にも，様々な分類がある。表現形態は，表現対象と密接に関わっていることはいうまでもない。

　また，「何を」書くかという，対象を観点にした内容構成も考えられよう。自分の経験や考えを書くことで，自己省察を深めていくような点からの内容構成も，意識しておきたい。

参考文献

白石壽文・権藤順子（2017）『作文 ― 目的に応じて書く』東洋館出版社.

（河野智文）

第3章

国語科の指導法

Q1 話すこと・聞くことの指導法の歴史を述べなさい

　小学校における話すこと・聞くことの指導が開始されたのは，いつのことか？　明治5（1872）年に公布された学制において，下等小学校では，「綴字，習字，単語，会話，読本，書牘，文法」が挙げられ，後の国語科に統合される教科群が多くを占めていた。話すこと・聞くことに関連しそうなのが，「会話（コトバヅカヒ）」になるが，これは，「会話読方」「会話暗誦」「会話書取」という3段階の授業によって構成されており，方言によって地域を越えた交流が難しい状況を変えようと考えられていた。「標準語」が制定されるのはまだ後になるが，いずれにしろ，ラジオ（大正14〔1925〕年東京放送局試験放送開始）やテレビ（昭和28〔1953〕年NHK本放送開始）の普及していない時代に求められた教育内容だったといえる。現在求められている「話すこと・聞くこと」の教育内容にすぐにはつながらない。明治19（1886）年の「小学校令」において，「読書，作文，習字」に収斂された読書科には，「文法，談話，書キ方」が内包され，続いて明治33（1900）年の「小学校令施行規則」の第四号表に「読ミ方」「綴リ方」「書キ方」「話シ方」と明示され，新設された「国語科」においてはっきりと位置付けられ，枠組みとしては完成したといえる。

　その後，昭和22（1947）年の『学習指導要領　国語科編（試案）』に至って，現在につながる体制を持つことになる。昭和26（1951）年の『小学校学習指導要領　国語科編（試案）』における「国語能力表」を見ることで，当時の「話すこと・聞くこと」に関する指導内容をイメージすることができる。1年生と6年生の「話すことの能力」の大体は次の通りである（右表）。

　かなり具体的な言語活動が挙げられ，継続学年によって指導の幅が示されている。発音，発声に関わる事項から，挨拶，応答などの社交的事項，発言に関する責任や司会の方略に関することまで幅広く取り上げられている。

	1学年	（継続学年）
1	相手を見ながら，話すことができる。	（1－2）
2	知らない人の前でも，話すことができる。	（1－2）
	（中略）	
7	身近な生活経験を話すことができる。	（1－3）
8	日常の簡単なあいさつができる。	（1－3）
9	簡単な伝言がいえる。	（1－3）
10	簡単なさしずをすることができる。	（1－3）
11	主述のはっきりした話し方ができる。	（1－3）
12	幼児語を使わないで話すことができる。	（1－2）
13	なまりのない発音で話すことができる。	（1－3）
17	気持よく，調子のよい声で，話すことができる。	（1－3）
	6学年	（継続学年）
1	正しいことばの自覚にたって，話すことができる。	（6－）
2	むだのない力強い話ができる。	（6－）
3	自分のことばに責任をもつことができる。	（6－）
4	話題をじょうずに展開することができる。	（5－6）
5	じゅうぶん自信をもっていることだけ話すことができる。	（5－6）
6	会議やグループなどの司会が要領よくできる。	（5－6）
7	時間を考えて，ほどよく話すことができる。	（5－6）
8	改まったあいさつができる。	（5－6）
9	ことばを自然に使うことができる。	（6－）

　なお，「聞くこと」は「話すこと」と別に立てられている。このことは，昭和33（1958）年改訂「小学校学習指導要領」でも踏襲されるが，昭和43（1968）年改訂では「聞くこと，話すこと」と一領域に括られる。昭和52（1977）年改訂と平成元（1989）年改訂では学習指導内容の区分が「表現」と「理解」に組み替えられているので，聞くこと（理解）と話すこと（表現）は別の括りに示されている。平成10（1998）年改訂からは，改めて「話すこと，聞くこと」の括りで示されることになる。

　話し言葉の形態で言うと，スピーチ・プレゼンテーション（話し手主導），対話・話し合い（話し手と聞き手の協働），インタビュー（聞き手主導）の3系列に加えて話す聞くの基礎をなす音声表現が指導内容として取り上げられるようになる。

平成元（1989）年改訂の『小学校学習指導要領』では，その『解説』に「情報化などの社会の変化に対応するため，目的や意図に応じて適切に表現する能力と相手の立場や考えを的確に理解する能力を養」うことを目指して，「話すことの活動を十分に行い」，「聞くことに関する指導を重視する」と明示され，従来の，原稿の準備から始まるスピーチの指導などに加えて，音読や群読がブームになった。しかし，相互作用的な話し合いに直接つながるものではなく，『解説』に示された目的の中核にはなり得なかった。

その意味では，1990年代に論理的な話し合いとして小学校でもディベートが盛んに行われたのは，情報化に対応する学習活動として注目される。しかし，これもディベートの形式的な活動になりがちであったことから下火になったが，話すこと聞くことの学習というより，読むことの解釈のディベートのような変形ディベートとして現在でも活用されている。

相互作用的な話し合いの指導は，対話への着目やアーギュメントの視点からの指導などが試みられているものの，話し合いの質を高める指導は難しく，課題を深めたり合意形成したりするための話し合いにおける論理的な思考の展開力については現在も試行が続けられている。特に，平成10（1998）年改訂の学習指導要領から「学校生活全体を通して，言語に対する関心や理解を深め，言語環境を整え，児童の言語活動が適正に行われるようにすること。」が示され，国語科は，その中心的な指導をすることになり，活用する話し言葉の能力の指導が求められている。

参考文献

文部省（1972）『学制百年史』ぎょうせい.

甲斐雄一郎（2008）『国語科の成立』東洋館出版社.

全国大学国語教育学会編（2002，2013）『国語科教育学研究の成果と展望』明治図書出版，『同上Ⅱ』学芸図書.

（田中智生）

‖Q2　話すことの指導法にはどのようなものがあるか

　話すこと・聞くこと（以下当該領域とする）の指導は，（1）年間を通した長期的スパンでするもの，（2）教科書に用意された特設単元で行うもの，（3）必要感のある適切な機会を捉えて差し込まれるスキルの指導に分けて，重層的に扱う構えをもつことが肝要である。

　では，この3つの柱でどのような内容を指導していけばよいのだろうか。

　まず，当該領域の学力は，情意面・認知面・技能面によって構成されると考えられる。情意面とは，人の話を共感的に聞いたり，人にわかるように話そうとしたり，協働的に話し合ったりする態度・資質を指す。認知面とは，自分の話し方・聞き方に関して自覚的であり，目に見えない話し合いの流れを意識したり，人の話と自分の考えを比べたりするという自己認知・対象認知の側面である。技能面とは，聞き方・話し方・話合い方に関する知識や技能を指す。例えば「メモの取り方」「結論から先に話す」などである。

　当該領域は，人の話を聞いたり自分の思いを伝えるという，いわば人と人との関係を作るコミュニケーション能力であり，児童の対人関係形成力を育てることに他ならない。従って，児童同士の聞き合う関係を学級に作りあげていく長期的継続的指導を土台としながら，特設単元とそれに挟み込まれるスキル（技能）学習によって育てていくことが望ましい。

　以下，この3つの視点からどのような指導をほどこせばいいか説明する。

1. 長期的継続的積み上げによって，学級内に受容的に聞き合い，自分の思いを伝え合おうとするコミュニケーション文化を築いていく

　これらを指導するには教師の立ち振る舞いによる示範，望ましい方向に導くたえざる言葉かけ，児童のよい聞き方話し方を賞賛し，方向づける，タイミングよくスキルを児童へ提供するリアルタイムの即興的指導が不可欠である。指導の対象は，教室の今，ここで現れている児童の聞く話す姿であり，

模範となる教材テキストは教師のことばと立ち振る舞いである。教師がよい聞き方話し方を示範し，それを受けて現れた児童の望ましいすがたをほめて教室に広げていく。これを絶えず心がけ，受容的な聞き方（例：「聞いて考えたんだけど」「自分の考えはちょっと違っていて」），わかってもらおうとしながら話す話し方（例「…だけどどうですか」），協働的に話し合う時に有効に働くことば（例「まず手順を確かめよう」「〇〇君の考えを聞かせて」）を教え，これらを蓄積して，学級の聞き合い学び合う協働的なコミュニケーション文化とグラウンドルールを形成していくのである。

２．教科書に用意された特設単元や学習活動によって指導する

　小学校国語教科書には，話すこと聞くことを指導する単元や学習活動としてどのようなものがあるのだろうか。これを，①聞き合う関係作りのための学習（土台作り），②聞くことの指導，③話すことの指導，④話し合うことの指導に分けて示しておく（学校図書『みんなと学ぶ小学校国語』令和２年版より）。

第１学年：①「おなまえおしえて」名前カードを使って自己紹介をしあう。②「クイズ大会をしよう」出されたヒントを聞いて必要な情報を聞き取り答えを当てる。③「冬休みにしたよ」冬休みの体験を組み立てを考えてスピーチする。④「絵を見て話そう」四枚の絵を繋げてペアで一連のお話を作る。

第２学年：①「ことばビンゴをつくろう」ペアで話し合ってビンゴカードに書き入れることばを決める。②「宝探しに挑戦」ペアになって宝探しをし，見つけるために必要な情報を尋ねる。③「どう言えばいいかな」ことばや言い方による伝わり方の違いを確かめ，よりよい伝え方を考える。④「やってごらんおもしろいよ」一年生に教える遊びについて話し合って決める。

第３学年：①「すごろくを作ろう」クラスの１年間をすごろくにするために，マス目にどんな行事や出来事を入れるか，お互いの考えを出し合い楽しみながら作り上げる。②「ミニギャラリーの解説委員になろう」。③「クラスレクリエーションをしよう」クラスレクリエーションの内容について話し合い，お互いの話し合い方を観察してよりよい話し方を考える。

第４学年：①「みんなで遊ぼう」教科書に書かれた遊びの絵を見て遊び方を

教えあう。②「メモをとりながら聞こう」。③「感謝の気持ちを話そう」。
④「安全マップを作って話し合おう」。

第5学年：①「紹介します私の友達」。②「働く人にインタビュー」。③「学
　校を百倍すてきにしよう」。③「よりよい考え方はどっち？」。

第6学年：①・②「プラス思考でアドバイス」。③「推薦します，この委員会
　活動」。④「パネルディスカッションをしよう」。

3．必要感のある適切な機会を捉えて，聞く・話す・話し合う際に必要なスキルを教える

　スキルの指導は具体的な目的や相手のある場を設け，必要感のある機会を捉
えて行うことが効果的である。指導したいスキルには次のようなものがある。

・聞くスキル：キーワードを捉えて聞く。自分だったらと考えながら聞く。
　具体例に置き換えながらわかろうとして聞く。

・説明のスキル：まず全体の内容を伝えてから話す。ナンバリング・ラベリング
　して話す。話の道筋を示すことばを入れて話す（〔例〕ここからが結論です）。

・話し合うスキル：話し合う手順を共有してから話す。出された意見を分類
　整理しながら進める。メンバーの同意を確かめながら進める。

　この領域の指導は，とかく活動形態である，「スピーチ」「ディベート」
「インタビュー」に目が向けられたり，あるいは「報告」「説明」「紹介」な
どの活動の機能で捉えがちである。しかしそのような活動を支える土壌であ
る，相手の話を受容的に聞こうとする態度や自分の考えを話そうとする積極
性や，協力的に話し合うことに意味を見いだしている価値観の形成がなくて
は指導効果は期待できない。これら情意面の形成はスキルの獲得によっても
たらされることもある。スキルの指導が成長の自覚をもたらし，情意面も高
まっていくという相乗効果によって当該領域の力は育っていくのである。

　教室に飛び交う児童の話し言葉こそが指導の対象であり，教師の示範する
ふるまいがお手本（教材）となる。教師が指導すべき内容の網の目を念頭に
置き，長期的スパンで絶えず指導を積み上げていくことが指導の要諦である。

（山元悦子）

Q3　聞くことの指導法にはどのようなものがあるか

1．聞くことについて自身を振り返り自分の状態を自覚すること

　あなたは，聞くことをどのように指導されてきたのだろうか。まず，自分が受けた指導を想起しよう。なぜならそのことがアタマのどこかに「こびりついて」いて，聞くことの学習のイメージを勝手に思い込んだり，あなたの「聞き方」のもとになっているかもしれないからだ。まず，自身がどのように聞いているか，そのことに対して自覚的になろう。ここでの内容を使って，自分がどのように聞いているのか，それを振り返り眺めてはどうだろうか。ジャッジをする必要はない。眺めて自覚するということである。

　自分がどのように聞いているのか，それはなぜなのかを考えることは，学びに自覚的になることであり，子どもについても同様である。

2．指導する内容と指導方法について

（1）アタマの中の働きに関するものについての指導
①指導内容
　聞くということは，アタマの中の情報処理である。常に既知や自己の考えや他者のこれまでの状況，その場の様子や目的等，常に複数の情報を関わらせながら聞いている。ゆえに，具体的にどのように聞くかというアタマの中の働きに対する指導が重要である。

　これまでは指示を聞いてその通りにするというような生き方や考え方が求められた。指示の通りにしなかったりできなかったりしたら「きちんと聞きなさい」と叱られることも多々あったかもしれない。しかし今後求められることは，これまでのあり方とは異なる。そこでは自ずと「きちんと聞く」ことの内容は異なってくる。主体性（agency）や他者との協働が求められる中では，例えば目の前の複雑な状況と受けた情報を関連させながら検討し，そこに自己のありようも含めて，何ができるか，何が優先されるかといったこ

とも考え，提案に向けて「聞いた」情報を再検討するという過程も求められよう。そうした聞いて考える過程，ブラックボックスのようなアタマの中の働きに対する指導こそ，今後は重視する必要がある。

②指導方法

　指導の方法としては，可視化が重要であることから，聞いている時のアタマの中を教材化して示しながら学習すること，聞いた時のメモを見ながら，自身の関心によってそれらの記録が「見えていても見えていない」状態になることを体験させることも効果がある。「聞いている時のアタマの中を教材化」については，熟達者（指導者，自身と考えてもよい）が，この場面ではどのように考えているかということを文字化して教材として示し，それに付加修正を各自で加えてもらっても面白い。

　いずれにしても，どのような知識や思考の練習が必要になるかということを明らかにしながら計画的に行う。

（2）態度やスキル的なものについての指導

①指導内容

　聞くことは，他者を受け入れることであり，自己の世界を広げることでもある。だからそれを表現するような対応ができるとよい。うなずく，アイコンタクト，尋ね方等のスキル的なものは，自分の状況を相手に伝えるための具体であるが，それだけを学んで使えるようになっても意味がない。重要なのは，他者への敬意と自己と他者が協働して物事を探究しているという意識をもつことである。

②指導方法

　態度やスキルのみを指導することは避け，それを相手から用いられた時の自分の気持ちを体験することを通して学ぶことが必要である。アイコンタクトや頷きがない時とある時のように比較して，相互の気持ち（例えば，そっぽを向いて聞いている時，そっぽを向かれている時）を体験させる。同時に，どのような態度がどのように作用するのかを一覧で示す。

　スキルについて特にここで取り上げておきたいことは，対話に発展するような聞き方である。傾聴的に「聴く」のではなく，聞いた内容を発展させ，相互に共通項を集積させるためには，尋ねる（訊く）が必要になる。その際

には，「なるほど，Ａさんの〜というのはよくわかる。だけど，さっきの発言にあった〜だけど，そこが少しよくわからないから，例を出していってもらえないかな？」等，受けて，部分化，焦点化して質問するということである。この指導に対しては，大村はまが示したように，実際の子どもの発言としてパターンを示すとよい。

3．対話的に聞くことについて考えること

聞くという行為は他者との関わりの中で出てくるものだが，考えたいのは対話的に聞くということである。それについては，金子晴勇（1976）と島崎隆（1988）の記述を参考としたい。

金子は，対話場面における他者を「特定の道のりを歩んできて，ある時点において私の道のりと邂逅することになった」者とする。そして，そうした性質をもつ他者の発言を理解する（聞く）ことを，「自分の言葉を沈め，自分をからに」することの必要性を述べる。また島崎は，「対話的人間」について，「相手の主張を，その発想法も含めて内部から理解しようとする人間のことである。それはまた，自分の主張の不完全性を自覚し，だからこそ他者との対話を求めようとする人間のこと」と述べている。

ナラティブ探究という言葉も聞いたことがあるだろうが，その人の背景，金子の言葉であれば「道のり」を推察しながら聞くということについての指導は，今後積極的に行う必要がある。この具体を示した教材は，若木（2016）に記載されているので，参考にされたい。

参考文献

金子晴勇（1976）『対話的思考』創文社.

島崎隆（1988）『対話の哲学』みすち書房.

若木常佳（2016）「話し合い指導における「尋ね合い」の存在 ── 表出したものから「道のり」への視点転換」『福岡教育大学紀要』65，pp.53-62.

（若木常佳）

Q4　書くことの指導法の歴史を述べなさい

1．随意選題と「赤い鳥」── 明治・大正期 ──

　日本の作文教育を大きく変えたのは，明治末期から大正にかけての芦田恵之助を中心とする随意選題による指導である。芦田は児童中心主義を唱えた樋口勘次郎を継承し随意選題論に発展させた。大正 2 年に『綴り方教授』を著し，作文の指導は児童の興味に中心を据えたものへと変わっていく。

　一方，教師が適切な課題を与える方がよいという考えに基づく課題作文の指導も盛んであり，作文教育界は随意選題か課題作文かの 2 つの流れに二分される状況にあった。しかし，随意選題の立場を代表する芦田恵之助と，課題作文の立場を代表する友納友次郎による小倉立会講演（大正 10 年）以後，随意選題による指導が現場に迎えられていく。

　また，鈴木三重吉が大正 7 年に創刊した「赤い鳥」は，児童たちから募集した綴り方（作文）を三重吉本人が選評し優秀作品を掲載した。三重吉の指導は，児童が自分の思いをありのままに表現することを基本とした点で画期的であったと言える。さらに，三重吉は綴り方を通して人間形成を目指そうともしており，この考え方は生活綴り方運動へと引き継がれていく。

2．生活綴り方運動の隆盛と衰退 ── 昭和前期から戦前 ──

　昭和 4 年頃から昭和 14，5 年頃までの約 10 年間は，生活綴り方による指導が大きな成果を上げた時期であった。生活綴り方運動は，鈴木三重吉の人間形成を目指す考え方と，芦田恵之助の随意選題に見られる児童を主体におく考え方を源流とし，綴り方を通して生活を指導することにその特徴がある。

　生活綴り方運動の全国的展開の原動力となったのは，昭和 4 年に『綴り方生活』を創刊した小砂丘忠義である。さらに，千葉春雄が昭和 6 年に創刊した『教育・国語教育』や，東北地方の教師によって展開された北方性教育運動なども生活綴り方運動を推進させていった。生活綴り方運動は綴り方の理

論と実践において，日本の作文教育史上に大きな実績を残したと言える。だが，綴り方を通して生活を指導するというねらいは，戦時下においては弾圧の対象となり衰退を余儀なくされざるを得なかった。

３．戦後の生活綴り方の復興

　昭和22年版学習指導要領 国語科編（試案）及び，その改訂版である昭和26年版試案は，アメリカから持ち込まれた経験主義に基づくものであり，書くことの学習においては，社会で実際に必要とされる実用的な文章を書く能力の育成が求められた。戦前の生活綴り方の指導とは，明らかに異なる方向性が打ち出されたことになる。学習指導の方法も単元学習的な指導が求められ，作文を書くための時間として特設されていた「綴り方」の時間はなくなり，「話す」「聞く」「読む」活動が複合的に行われる単元というまとまりの中で，作文を書く機会を設ける形へと変わっていく。大村はまは，この変化に対応し単元学習の指導に大きな成果を残したが，多くの教師たちは十分に対応できず，這い回る経験主義などと批判を浴びる結果となった。

　こうした中，「作文の会」「日本作文の会」を中心に新しい作文教育か生活綴り方かの論争が繰り広げられるが，単元学習的な指導はなかなか定着せず，戦前の生活綴り方的な指導が再び現場に迎えられていくことになる。

４．昭和33・43年版小学校学習指導要領

　「日本作文の会」を中心とした生活綴り方的な指導が盛んに行われる中で改訂された昭和33年版小学校学習指導要領は，基本的には昭和26年版試案に示された単元学習的な指導を継承するものであった。しかし，中学校学習指導要領には作文の指導に関して「各学年とも，年間最低授業時数の1/10以上をこれに充てるようにする」という文言が示された。これは，作文の指導のために特定の時間を充当することを示したもので，単元学習的な指導から教科主義的な指導への変化の兆しの1つと捉えることができ，小学校の指導にも影響を与えた。

　このような変化に関わるできごととして，アメリカの作文指導をもとに書

く技能の習得を重視した，森岡健二を中心とするコンポジション理論に基づく指導の提唱を挙げることができる。

　こうして単元学習的な指導が定着しないまま，昭和43年版小学校学習指導要領では，作文の指導について「特にそれだけを取り上げて指導する方がよいと考える場合には，そのような計画を立て，指導してもさしつかえないこと。」という文言が示され，作文を取り立てて指導してもよいことが明示される。戦後から続いた単元学習的な指導の方針に，とうとう修正が加えられたのであった。

5．平成20年版小学校学習指導要領以降
—— 言語活動を通した指導 ——

　2000年のPISA調査の不振は「書くこと」の指導にも大きな影響を与えた。言葉を使う経験を通して，活用できる言葉を身に付けることをねらいとした平成20年版小学校学習指導要領では，全ての教科で言語活動を通した指導が求められることになる。これは，教科主義的な指導の枠組みの中に，単元学習的な指導を取り入れようとしたものと言うことができるだろう。

　この傾向は，平成29年版学習指導要領にも引き継がれ，「書くこと」の指導においても目的や意図を明確にすることが求められている。平成20年版小学校学習指導要領の実施から10余年を経て，誰に向けて，何のためにという目的や意図を明確にした上で書かせることが，「書くこと」の指導において定着した成果によるものと言える。

参考文献
井上敏夫・倉沢栄吉・滑川道夫・藤原宏（1971）『作文指導事典』第一法規.
倉沢栄吉（1979）『作文指導の理論と展開』新光閣書店.
大内善一（1993）『戦後作文・生活綴り方教育論争』明治図書出版.

（山下　直）

Q5 論理的文章を書くことの指導法にはどのような ものがあるか

1．考えの形成を中心とした指導

　初等国語科教育においては，学習者が表現意欲をもちながら学習過程にお ける諸活動に取り組むことを通して，考えを論理的に書くことができるよう な指導が求められる。ここでは，考えの形成を中心とした書くことの基本的 な指導方法について述べる。

（1）表現意識をもつ

　初等教育の段階では，学習者は自身の考えを表現するという経験を積んで いない場合があることから，身近な生活からテーマ，題材を見つけ，問題な どに気付きながら考えをもつことが指導の第一歩となる。そのために，低学 年では教科書教材に示された題材を学習者の生活に引き寄せながら，考えを 口頭で話すという方法がある。高学年では，環境や防災など身近なテーマに ついて新聞やテレビ，ウェブサイトの情報を通して，考えを形作っていくこ ともある。賛成と反対に分かれた討論などを取り入れる場合もある。

（2）書くことの場を意識する

　表現意識から書くことへとつなげるために重要となるのが，具体的な目的 や場面，相手などを想定し，書き手の立場を明確にしていくことである。こ のことは，理由や根拠を示しながら考えを述べるといった論理的な思考方法 や，文章の展開の学習へとつながる。

　書くことを意識して考えを形成するためには，問題解決に向けた課題は何 か，課題解決の方法にはどのようなものがあるか，解決方法の有効性や成果 はどのようなものか，その理由となるものは何か，などが要点となる。こう した要点に対して具体的に立てられる問い，理由や根拠，事例などは書き手 がどのような立場や役割をとるのか，どのような相手に対して述べるのかに よって異なる。指導では，立場や役割，考えを述べる相手などに基づいて文

章の筋道や展開を考えていくことが必要である。

（3）発表・交流

　考えの形成を中心とした指導では，問題意識をもち，目的や相手，場面等に沿って根拠や主張を具体化し，論理展開を組み立てて書いていくという一連の過程を通して指導内容が学習される。そのために，学習者が自身の学習の過程を振り返り，書くことの流れを意識化できるような機会として，書かれた意見文に基づいてスピーチを行う，あるいはパネルやスライドなどを用いた発表会などを取り入れる。

2．読むこととの関連

　文章を読むことを通して，書くことを学習する指導方法である。単に書くことの動機づけとして読むのではなく，書くことを学ぶための多様な読むことを取り入れた指導方法が示されてきている。

（1）作成のはたらき

　書き手の文章を作成する過程を追体験しながら書くことを学んでいく方法である。この場合，取り上げる文章は，基本的には新聞や論説など，書くことの学習の文章構成や展開のモデルとなるようなものである。最初の段階では，文章を書くことの動機や目的などを考える。次に，どのような文章の筋道や展開の方法のとり方を考えたのかについて検討する。その上で，これまでに理解してきた作成のはたらきを踏まえながら，読んだ文章について学習者が自分の考えに基づいてさらに発展させながら書くことを行う。

　考えや理由，根拠，事例といった構成要素の展開を形式的な型として理解するのではなく，文章の展開が生み出される作成のはたらきとして理解することが重要である。書き手の立場から何をどのように考えて問いを立てているのか，根拠はどのように見つけたのかなど，問いを組み立てる必要がある。

（2）書き換え

　既存の文章や作品について，立場や役割，視点を変えて書くことにより，テクストを再構成するはたらきを通して書くことを学ぶ。テーマの関連，問題意識の関連，文章の展開の関連，など様々な観点から書き換える活動を通

して，考えの形成の過程と文章の筋道や展開について学ぶという方法である。高学年ではテーマや問題意識の関連から小説，マンガなど幅広いジャンルの文章を用いて考えを書くことにつなげる方法がある。また，要約を通して考えの形成と論の展開，引用の方法を学ぶという方法がある。

３．他の活動との関連

話す・聞くことを取り入れた指導，書くことを学ぶために書くことを取り入れた指導方法がある。

（１）書くために書く，話す

視点を変えて読んだり，創作を取り入れたりしながら書くことを学ぶ方法である。例えば，低学年の読むことの教材文では，植物や生き物を擬人化して説明したものがある。こうした文章を読みながら，次にどうしたいのか，なぜそうなったのか，などを児童に問いかけたり，話し合ったりしながら文章の展開の仕組みを理解し，書くことへとつなげる。

（２）カンファレンス

授業者と学習者，学習者と学習者の交流活動を通して，学習者が自身の書くことを内省し再構成することを通して書いていくという方法である。取材，構想，記述などの各段階に合わせたカンファレンスがある。

参考文献

井口あずさ（2015）「小学校国語科における説明する力を育成する読みの指導の検討」『比治山大学紀要』21，pp.45-54.

細川大輔（2016）「論理的思考力を育てる構成指導」『月刊国語教育研究』533，pp.4-9.

府川源一郎・高木まさき・長編の会編（2004）『認識力を育てる「書き換え」学習 — 小学校編』東洋館出版社.

（小林一貴）

▎Q6　物語創作の指導法にはどのようなものがあるか

　まず「物語を創作する学習」とは，そもそもどのような学習を指しているのだろうか。狭義なとらえとしては，文字通り物語を1から全部自力で作る学習であろう。だが，広義には部分的な創作や既にある物語等を書き替えたりするような学習も物語の創作学習に含められている。

1. 児童が物語を1から完成形まで自力で創作できるように指導するには

　小学校の国語科教育において，6年生の時点である分量の物語を一人で作り，完成させることができるようになる，というのは，「書くこと」の一つの到達目標と言えるだろう。だが，実際には慣れてしまえば，低・中学年の児童でも物語を一人でどんどん書いてしまう。一度コツをつかんでしまうと，「先生，お話書いてきた！」「読んで読んで！」といった具合に，児童はこの楽しい活動をそう簡単に手放そうとはしない。では，どうやってその魅力を実感させ，自ら作り続けるような児童を育てることができるのだろうか。

2. 「6年間のカリキュラム」という俯瞰的な指導の視点を持ちたい

　教師にいきなり「さあ，皆さん，自由に物語を作ってみましょう。」と言われてスムーズに創作できる児童は，何年生であれ相応の知識や予備的な能力をもっている。それは前学年までの担任がきちんと指導した成果か，授業外の要因，例えば本人や家族が読書好きで多くの物語に親しんでいることなどにより，本人の中に「物語スキーマ」が形成され，この枠組みを活用できるということを意味している。学年にもよるが，「1から物語を作りましょう。」という学習は，自由で楽しい反面ハードルの高い学習でもある。

　このような意味において，個々の指導法や指導技術を知っておく前に，児童はおおよそどのような段階を経て物語を書けるようになるのかという俯瞰的な知識をもっておくこと，つまり6年間にまたがるおおまかなカリキュラ

ムを意識することは大切になる。6年生の時に自力で物語を書くことができる力を無理なく獲得させることを目指して、1年生の時から段階的なカリキュラムで指導するとともに、指導者も児童の実態を見て、どの段階のどのような指導を図るべきか評価し、柔軟に対応する必要がある。

3. 最終目標に至る過程における個々の指導法

カリキュラムで重要なのは、創作の楽しみを味わわせながら、創作力を無理なく育てていくことである。その過程で既にある物語の書き換えや部分的な創作などが出番となる。これらを初歩的なものから発展的なものへとおおよその順に並べて紹介する。なお、これらは積み上げ的に指導することと「読むこと」と連関的に指導することを想定、重視している。

（1）民話などの物語を書き換えてお話を作ることを楽しませる。

○物語には「物語を成立させている要素」（人物や時、場所の設定、事件や解決などストーリーの内容等）がある。創作の初歩的な指導として、物語の大枠は既にある物語のものを拝借し、要素の中身を入れ換えて創作させる指導法（「パロディ」と呼ばれたりする）がよい。

○本活動は難易度が低く、替え歌の要領で創作を楽しませるとともに、「物語スキーマ」を体験的に学ばせていく学習として意味がある。

（2）部分的に創作させ、児童の創作範囲を広げる。

○4，5場面で作られた物語の一場面を空白にし、前後の情報（設定、事件、結末などの情報）から推論して、空白場面の話を作らせる。

○ストーリー構築の基本を学ぶ意味で、「事件」の場面に対する「解決」の場面を推論させるのが、思考力育成の観点からもよいであろう。

（3）児童の自由創作量の比率を徐々に引き上げるとともに、「物語スキーマ／物語文法」の獲得を進める。

○絵や写真、キーワード、書き出しの文例などで情報を提示しつつ、その情報量を徐々に減らし、相対的に創作の自由度を高めていく。

○多くの物語から帰納的に抽出されたストーリー構築に関する要素的知識「物語文法」（「物語スキーマ」）を言語化したもの。例：設定＋事件＋目標

＋解決の試み＋解決＋結末＋心的反応）を「読むこと」の学習とも連関させ徐々に獲得させていく。この「物語文法」は物語を「読むこと」と「書くこと」において ハブ・蝶番として機能する。

（4）構成上の演出・効果に関する知識・能力を高める。

○読者を引き付ける「設定→発端→展開→山場→結末」といった構成上の演出について，やはり「読むこと」の学習と連関させながらその効果について学ばせ，創作に生かしていく。

○ファンタジーの構成的枠組み（現実→非現実→現実）を利用して，ストーリーを考えさせ，物語を構想させる活動は，児童が大変喜ぶ活動でもあり，こちらも有用である。

（5）叙述に関する知識・技能を高める。

○物語の美しい叙述は絵画で言えば色彩，彩りのようなものである。お気に入りの物語の描写や比喩表現などを真似ながら叙述能力を高める。

（6）物語のモチーフ（話の種）を見つけ，物語を1から創作させる。

○モチーフ（話の種）を自分で発見，設定する活動は児童にとって少々難易度が高いため，絵や写真，キーワード，教師の講話など様々な方法で支援し，（1）〜（5）の総仕上げとして自力で物語の創作に取り組ませる。

＊

なお，これらの指導は概ね「物語内容」の学習から「物語言説」「物語行為」を意識する学習へと移行していくと言える。

参考文献

浜本純逸監修・三藤恭弘編集（2019）『小学校「物語づくり」学習の指導 ── 実践史をふまえて』溪水社.

三藤恭弘（2014）『書く力がぐんぐん身につく「物語の創作／お話づくり」のカリキュラム30 ── ファンタジーの公式』明治図書出版.

三藤恭弘（2021）『「物語の創作」── 学習指導の研究』溪水社.

（三藤恭弘）

Q7　文学的文章の指導法にはどのようなものがあるか

1．伝統的な読むことの指導法

　伝統的な指導法として，三読法があげられる。要点は，まず文章を通読させること，そして，一人ひとりの児童が自分なりに読みとったこと，理解し得たことから出発することである。初読の感想を書かせても発表させても構わない。これが三読法の第1のフェイズである。

　第2のフェイズは，いわゆる文章を分析する読みである。文章の構造や語句の意味を調べ，作者がなぜそう書いたのかを理解しようとするフェイズだと言い換えてもよい。例えば，「白いぼうし」（あまんきみこ）（光村図書，4年上）には，夏みかんのにおいが冒頭，中盤，結末と3回用いられている。それが物語を構造化する上でどう役立っているか，あるいは夏みかんにどんな意味が込められているかを検討することがこのフェイズで取り組む作業である。

　第3のフェイズは，分析の作業を経て，もう一度文章を深く読み味わうフェイズである。物語の構造や鍵となる語句の意味を理解したことでより鮮明となった物語世界をありありとイメージすることができればよい。具体的な学習活動としては，絵を描いたり，再び感想を書いたり，朗読したり，劇にしたりすることがあげられる。

2．読み手を重視する指導法

（1）十人十色を生かす文学教育
　戦後の文学教育史に足跡を残した太田正夫は，十人十色を生かす文学教育として知られる読み手の反応を生かした指導法を提案した。まず，児童に初読後の感想を自由に書かせる。書かせた感想文を集めて，「あらすじ的なもの」，「表現をつかまえているもの」など観点を決めて分類し，ナンバリングしてプリントにする。児童は，プリントを読み，感想・意見したいものを選び，それにコメントする。教師は，さらにそれをまとめて新たなプリントを

作成し，また配布する。つまり，クラスの教材に対する反応を雪だるま式に増やしていくのである。

　三読法も決して読み手を軽視しているわけではないが，この方法は，「各々の読者が他者の読みに関わることによって自己の読みを〈対象化〉〈相対化〉するという側面」（山元隆春，2005，p.118）が加わっていることで，教室で読むことの意義がより前面に出ている。

（2）意味マップ法

　読み手を重視する指導法として，他にスキーマ理論に基づいて開発された意味マップ法がある。人はあらゆるものについてひとまとまりの知識の構造（スキーマ）をもち，それは一人ひとり異なるという考えに基づき，それを語と線でつなぎ視覚化し，読むことの学習に生かすのが意味マップ法である（図3-7-1）。

　先に紹介した2つの方法と違う点は，読書中の予測を促したり読みの目標をはっきりさせたりするために，読書前の活動として意味マップを作成させる点である。例えば，ブロムレイ（Bromley, K., 1995）は，雷を怖がる女の子が主人公のお話を読む前に，雷雨を中心語にして意味マップを作成する活動を行い，雷や雨について児童が既に知っていることをはっきりさせ，物語の登場人物に同化しやすくした事例を紹介している。

　また，たくさんの登場人物が出てくる物語を読む途中，登場人物に関するマップを作成して新しい登場人物が出てくるごとにそれをマップに加えてい

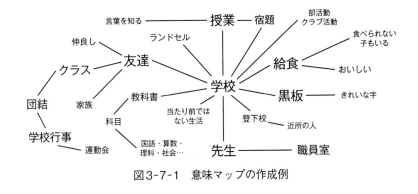

図3-7-1　意味マップの作成例

き物語の理解を助けたり，読書後，タイトルを中心語にして主題，問題-解決，設定など物語の要素をつないで物語を構造化して理解することを助けたりする使い方もできる。こうした使い方は，とくに読むことが苦手な児童に対して効果的だと考えられる。

3．新しい指導法

（1）リーディング・ワークショップ

　スキーマ理論とほぼ同時期に登場した交流理論などを理論的支柱として，アメリカで開発されたリーディング・ワークショップという指導法がある。この方法は，一人ひとりが自分の読みたい本を選び，それを読む個人読書の時間が中核となる。教師の役割は，児童が読みたい本を選ぶことを手伝ったり選んだ本を楽しく読めているかを確かめたりすることである。個人読書以外の要素として，短時間で読みの方略を教えるミニ・レッスンや一人ひとりが読んだ本の内容を共有する時間を設ける場合もある。

　教科書に収録された文章をみんなで読むことが制度化されている日本において実践することが難しい指導法だが，そもそも一人でたくさん読む時間を確保しなければ読みの力はつかないこと，短編小説だけでなく長編小説を読む機会を確保することといった観点から大切な指導法だと考えられる。

（2）フォーカス・ユニット

　1970年代にフランク・スミスらによって提唱された心理言語学とホールランゲージに基づく実践では，読むことの学習指導に書くことの活動を積極的に取り入れた。この時期の代表的な実践家ジョイ・モスは，ある話題でたくさんの文章を読ませ，その後，同じ話題で物語を書かせる方法を提案した。

　日本でこれに類似する方法で実践を行っている青山由紀は，教科書教材の「お手紙」（アーノルド・ローベル）について，登場人物や設定，問題－解決の物語構造などの観点から分析すると同時に，他の「がまくん・かえるくん」シリーズの読み聞かせも行った。それを踏まえて，新たながまくん・かえるくんシリーズのお話を作らせたのである。作者が造形した登場人物と矛盾しないように，どうすれば面白いお話になるか，読み手にどんなメッセージを届け

たいかを考えながら新しいお話を作ることは小学2年生にも十分可能だった（勝田光, 2017）。次に紹介した4つの方法がいずれも読み手の立場を出なかったのに対し，この方法では書き手の立場になってみることで改めて読む行為を考えようとするものであり，新たな学びの可能性に富む方法だと言える。

4．今後求められる指導法

　最後に，アメリカで一般的なリーディング・センターという方法について述べる。この方法の要点は，教師が複数の読むことを学ぶ方法を用意し，児童にどの方法で学ぶかを選ばせるというものである。

　私が観察したフロリダの小学校教師は，7つのセンターを作り，約20分1セッションで2回行っていた。センターの内容は，例えば，（1）自分の読みたい本を選んで読む，（2）Read Theoryというサイトを使い，短い文章を読んで問題を解く，（3）サイコロを振り，出た目の語を辞書で調べてその速さをグループで競争する，などがあった。

　日本の教育制度上，どうしてもみんなが同じ教材を同じ方法で読む指導法が支配的になるが，一人ひとり能力や得意不得意分野が異なるにもかかわらず，それは無理があると言えなくもない。何を読むかを一人ひとりが選ぶリーディング・ワークショップが今注目されつつあるが，どう学ぶかを一人ひとりが選ぶリーディング・センターも今後注目されてよいように思う。

参考文献

Bromley, K.（1995）. Enriching response to literature with webbing. In N. L. Roser & M. G. Martinez（Eds.）, *Book talk and beyond: Children and teachers response to literature*（pp.90-101）. Newark, DE: International Reading Association.

勝田光（2017）「小学校国語科における物語創作をゴールにした読むことの学習指導」『国語と教育』42, pp.40-53.

山元隆春（2005）『文学教育基礎論の構築』溪水社.

（勝田　光）

Q8 子どもを読者として育てる文学的文章の 新しい指導法にはどのようなものがあるか

　子どもを読者として育てるためには，本や文章に対する取り組み方を教えて，それに慣れさせていく必要がある。

　文学の授業が学習者に読むことの力を付けていくために営まれることは間違いがない。しかし，文学的文章には他の文章には見られないさまざまな属性がある。指導にあたっては，読むことの学習指導全般に共通して求められる学習内容だけでなく，文学的文章独自の学習内容との双方を把握していかなければならない。

　文学的文章の学習指導においては，学習者が文章を読むあいだにつくり出した感想や意見を重視していく必要がある。もちろん，初発の感想や意見のなかには，文章と十分に関わり合わないままにつくられたものがあるかもしれない。学習指導をおこなっていくなかで，学習者と文章とのあいだに新しい葛藤を生み出し，初発の感想や意見をつくり直すきっかけとなる仕組みを工夫する必要がある。

　そのための新しい指導法として，「リテラチャー・サークル」や「ブッククラブ」が提唱されている。これらは，文章を通読し，場面分けを行い，場面ごとに精読し，それが終わった後でもう一度作品全体を読み通す，というかたちで，国語教科書を使った共通した文学的文章の「読解指導」とは異なり，子どもが選んだ本や文章を使って，ひたすら読んで文章から意味をつくり出す経験をいざなうことを重んじた指導法であり，子どもを読者として育てていくことを目指した指導法である。

　「リテラチャー・サークル」と「ブッククラブ」は呼び方こそ異なるが，ほぼ同じ学習指導法を指している。以下では，米国の小学校で実践されている指導法の1つを取り上げる。

　「リテラチャー・サークル」は子どもたちが自分たちで選んだ本や文章につ

いて話し合うことを中心とした学習指導法だが，いきなり子どもたちだけで
それをすることはできない。そのため，次のような「学びの責任」の段階的
移行が考えられている。

【段階1】何を話すかということについて，クラス全体に教師が見本を示す。
　　　　　教師が選んだ短い話や絵本の読み聞かせをして，話し合いのきっ
　　　　　かけになる話題（質問）も教師が提示する。（2〜4授業時間）

【段階2】教師が子どもたちを小グループに分け，教師の選んだ短い話を読
　　　　　み聞かせ，話し合わせる。話題（質問）も教師が提示する。（2〜
　　　　　4時間）

【段階3】教師が子どもたちを小グループに分け，教師の選んだ短い話を各
　　　　　自が読んで話し合う。教師が提示した話題（質問）について書い
　　　　　てから話し合う。（2〜4時間）

【段階4】教師が子どもたちを小グループに分け，子どもたちが自ら選んだ
　　　　　本や文章について話し合う。話題（質問）も子どもがつくる。（4
　　　　　〜8時間）

【段階5】同じ本を選んだ子ども同士で小グループをつくり，話し合う。話
　　　　　題（質問）も子どもがつくる。（その学年の残りの時間）

　従来の学習指導法とすべてが異なるわけではない。とくに【段階1】から
【段階3】までは，文学的文章を読むことの授業で行われていることでもあ
る。しかし，【段階4】以降で求められている，子どもたちが自分で選んだ
本について，自分たちで問いを立てて話し合うことは，少なくとも日本の
「読解指導」ではおこなわれてこなかった。読むことの学習指導が「自立し
た読み手」を育てるための指導であるとすれば，【段階5】が可能になるこ
とが最終的な目標となる。同じ本を選んだ者同士，共通の読みたい本をもつ
者同士で，問いを共有し語らい合うことは，学校を卒業した後でこそ生きて
くることだからだ。見方を変えると，この5つの段階を意識することは，日
本で分断されたものと考えられることも少なくない「読解」と「読書」との
連続性を意識することでもあり，読者として子どもを育てる指導法として重
要である。

「リテラチャー・サークル」の１単位時間での取り組みは次のような要素で構成される。

・子どもの準備（授業までに）…小グループで話し合う本や文章を読んで，そのグループで選んだ話題（問い）について読書ノートに記入する。

・教師の話とミニレッスン（10分）…話し合いや理解するための方法について，短い時間で教師が話したり，短いレッスン（授業）をしたりする。

・小グループでの話し合い（15分）…本や文章についての一人ひとりの考えを出し合う。話題（問い）について書いたことをもとに質問し合う。

・読書ノートへの記入（10分）…読書ノートへの２度目の記入を行う。話し合いを終えた後の自分の考えや，次の話し合いに向けての目標などを書く。

・クラス全体での報告会（10分）…話し合いのなかで面白かったことや，新しく生まれた話題（問い）などを，クラスで共有する。

　きわめてシンプルな構成であるが，これを各段階で行いながら，徐々に子どもたちだけでできるようにしていくのである。「教師の話とミニレッスン」では，リテラチャー・サークルの話し合いで扱う，理解の多様な面，すなわち，登場人物・あらすじ・設定・主題等さまざまな文学的工夫について学ぶことや，理解のための様々な方法（注意を払う，推測する，予測する，質問する，関連付ける等）や，自分自身の生活と本や文章とを関連付ける方法や，本や文章を評価する方法などについて学ぶことになる。先に掲げた【段階１】から【段階３】ではこの時間を長めにとることになる。また「読書ノートへの記入」が必ず求められるが，これは子どもが自分の理解を振り返って考えを深める意義があると同時に，教師にとっては子どもの読みの成長を把握しながら形成的に評価していくための手がかりともなる。

参考文献

ジェニ・ポラック・デイほか（山元隆春訳）（2013）『本を読んで語り合うリテラチャー・サークル実践入門』渓水社．

（山元隆春）

Q9　説明的文章の指導法にはどのようなものがあるか

1．知識や経験を活性化させる「なる」活動

　低学年では，既有の知識や経験をもとに，文章に表現された論理（事柄同士の関係）を理解していく読みを目指したい。だが，低学年の児童が知識や経験を自覚的に読みに活用するのは難しく，ここに教師の手立てが必要となる。

　「たんぽぽ」（東京書籍小学2年上，平成31年文科省検定済）の授業の1コマである。この授業では，実が熟すまでたんぽぽの茎が低く倒れている理由を児童に理解させるために，たんぽぽに「なる」という活動が取り入れられた。具体的には，児童をたんぽぽになりきらせ，低い姿勢をとらせた後に，「何のためにそんな姿勢をしてるの？」とインタビューを行っていくのである。寝そべっている児童からは「茎を高く伸ばすために体力を回復させてるんです」，相撲の四股の姿勢をとっている児童からは「力を溜めてるんです」といった発言が見られた。茎を低く倒すというたんぽぽの動きが，後に茎を高く伸ばすための「仕組み」であることを述べているのである。

　この実践のポイントは，たんぽぽに「なる」という活動を通して児童の身体感覚に働きかけ，人間（自分）からの想像を喚起している点である。しかも，教師が「何のために？」と問いかけを行うことで，たんぽぽの「仕組み」に向けた発言を引き出しているのである。想像を引き出し，それを論理の読みへ生かす経験の積み重ねが，中学年以降の土台となるのである。

2．筆者の見方・考え方に迫る批判的読み

（1）論理展開への着目を促す教材との出会わせ方

　中学年では，筆者が結論に向けてどのように論理を展開させているのかを吟味し，そこに表れた見方・考え方を推論していく読みを目指したい。そこでは，論理の展開に向けた児童の疑問を引き出していくための，教材との出会わせ方が重要である。一例として，鶴田清司他（2012）の「すがたをかえる

大豆」（光村図書小学３年下，平成26年文科省検定済）の授業を紹介したい。

　本教材は，大豆食品の事例を単純な加工から高度な加工へと並べ，大豆が様々な姿で食べられていることを説明した文章である。この実践のポイントは，最初に教材の冒頭と結論部分のみを提示し，「自分ならどのような順序で食品を並べるか」を考えさせている点である。自分なりの順序を考えた後に教材に出会うことで，児童は自分と筆者の順序の違いに立ち止まり，疑問を発していくことになる。ただし，児童が自らの疑問をもとに，筆者の見方・考え方の推論へと読みを転換させるのは自力では難しいことである。この実践のもう１つのポイントは，児童の疑問をもとに，「なぜ，筆者はこの順序で事例を並べているのか」「筆者の事例の順序に納得できるか」といった学習課題を設定し，児童相互の交流を組織している点にある。児童の疑問に他の児童が答える，納得できない児童に他の児童が説明するといった活動のなかで，筆者の見方・考え方へと迫っていくことができるのである。

（２）複雑な論理展開を読みとるための既習教材の活用

　高学年教材では論理展開が複雑化し，文章全体の構造や筆者の見方・考え方を捉えるのが非常に難しくなる。そうした困難を乗り越えた授業の一例として，「動物の『言葉』人間の『言葉』」（三省堂小学５年，平成26年文科省検定済）の授業を紹介しよう。本教材は，ミツバチのダンスからカラスの鳴き声へと，人間との類似性が高まる順序で動物の言葉の事例を述べた後に，動物と人間の言葉の習得の仕方を比較し，後者の特質を主張した文章である。

　この授業のポイントは，先に述べた「すがたをかえる大豆」の学習を振り返った後，動物の言葉について述べた前半部分のみに出会わせることで，児童がこれまでの学習を生かしながら事例の順序を読み取っていけるようにしている点である。そのうえで，人間と動物を比較した後半部分に出会わせている。この部分は児童にとって未知の論理の展開であるため，「何で人間の言葉について突然説明するの？」「本当に言いたいことは何なの？」など，後半部分に向けた疑問が出されていくことになった。それらの疑問をもとに交流を図っていくなかで，児童は，筆者が本当に伝えたいのは人間の言葉の高度さについてであり，それを強調するために前半で動物の言葉について説

明し，後半で両者を比較していることを読み取っていったのである。

　このように，児童の既習教材との接続を意識し，段階的に教材に出会わせていくことで，複雑な論理の展開に向けた批判的読みも可能となるのである。

3．自らの見方・考え方を立ちあげる比べ読み

　高学年では，筆者の見方・考え方を乗り越え，自らの見方・考え方を作りあげる読みを目指したい。そのために，稿者が観察した授業では，「森林のおくりもの」（東京書籍小学 5 年，平成 26 年文科省検定済）と熊崎実『森から見る地球の未来 6』（文研出版，1996 年）の比べ読みが行われていた。前者は，砂漠化に苦しむ世界と緑豊かな日本を比較し，日本の森林の希少性や森林を育てる仕事の素晴らしさを主張した文章である。後者は，日本の豊かな森林が他国からの木材輸入の上に保たれていることを指摘した本である。

　授業では，日本の森林の希少性を強調する筆者の見方・考え方に児童が納得した後に，副教材が提示されていた。日本の森林が他国の犠牲の上に保たれているという事実は児童にとって大きな衝撃であり，児童自身が筆者の見方・考え方を安易に肯定していたこともあって，「本当に筆者に納得してよいのだろうか」という疑念が広がっていったのである。最終的には，「筆者に納得できないとするならば，自分はどう考えるか」を追究していくなかで，「海外に植林活動をしなければならない。」といった自らの見方・考え方が作り上げられていったのである。このように，児童が筆者を乗り越えて自らの見方・考え方を立ち上がらせるためには，筆者の見方・考え方の問題点を明るみに出すような外部情報との比べ読みが有効である。

参考文献

河野順子（2006）『〈対話〉による説明的文章の学習指導』風間書房.

古賀洋一（2020）『説明的文章の読解方略指導研究』溪水社.

鶴田清司・河野順子編（2012）『国語科における対話型学びの授業をつくる』明治図書出版.

（古賀洋一）

Q10 「知識・技能」の指導法について述べなさい

1．内容の構成における「知識・技能」の位置付け

　学習指導要領は〔知識及び技能〕の内容を「(1) 言葉の特徴や使い方に関する事項」，「(2) 情報の扱い方に関する事項」，「(3) 我が国の言語文化に関する事項」の3つの事項で構成している。

　国語科で育成が目指される資質・能力の3つの柱は相互に関連し合い，一体となって働くことが重視されるので，〔知識及び技能〕を〔思考力，判断力，表現力等〕と別々に分けて育成したり，〔知識及び技能〕を習得してから〔思考力，判断力，表現力等〕を身に付けるといった順序性をもって育成したりすることを意図した指導にならないよう留意する必要がある。

2．「知識・技能」の内容−「(1) 言葉の特徴や使い方に関する事項」

　ここでは「(1) 言葉の特徴や使い方に関する事項」のうちの「言葉の働き」と「話し言葉と書き言葉」の指導に焦点を当ててみる。

(1)「言葉の働き」について

　「言葉の働き」については，言語の機能や役割を客観的に捉えることが目指される。今回の改訂で特に重視された内容の1つであり，小学校から高等学校まで，該当の項目が体系的に位置付けられている。「言葉の働き」に気付き，理解することをあらためて重視するのは，それが「言葉を学ぶことの意味」の理解にとってもきわめて重要だと考えられるからである。

　具体的には，第1・2学年では，事物の内容や経験したことを「表す」働きと「伝える」働きに気付くことが求められている。第3・4学年では考えたことや思ったことを「表す」働きに気付くことが求められているが，これは考えたり思ったりするとき，すでにそこで言葉が働いていることを踏まえていると思われる。

　こうした言葉の働きを実感させるには，例えば，言葉を使わずに表したり

伝えたりすることを体験させる方法があろう。それは言葉が何を可能にして
いるか，言葉がないと何ができないか，私たちの生活の中で言葉がどのよう
に働いているかに気付く手掛かりになるはずだ。壁に向かって話しかけれ
ば，傾聴することの意味にも気付くというわけである。第5・6学年では相
手とのつながりを作る働きに気付くことも求められる。それらがみな言葉の
働きによるのだと気付くことなしに，言葉を学ぶことの意味を知ることはで
きないだろう。

　どの言葉の働きも，話したり聞いたり，話し合ったりする活動の中で最も
感得されやすい。各学年において「A　話すこと・聞くこと」の指導事項と
関連付けた学習を考えたい。

（2）「話し言葉と書き言葉」について

　この系統では，第5・6学年の指導事項に「話し言葉と書き言葉との違い
に気付くこと」の1項があるが，それ以外の指導事項は，発音や音声，文字
や表記に関する事項である。

　第1・2学年の「イ　音節と文字との関係，アクセントによる語の意味の違
いなどに気付く」のは，日本語の姿をつぶさに観察することによってはじめ
て可能になるものであろう。五十音図やそれを拡張した音節のリストは，日
本語の音節の「体系」に気付かせる格好の材料となる。日本語の姿を観察す
るときには「体系」という視点をもって，全体がどうなっているかに目を向
けることが大切である。

　中・高学年ともなれば，日本語のすべての音節を書きだすこともできるだろ
う。その中で，ある音節がどんな言葉の中に現れるか，拗音まで含めてすべ
ての音節を語中に見いだそうとすれば，探索の範囲は自ずと外来語に及ぶこ
とになる。それは「ウ…片仮名で書く語の種類を知り…」とも重なっていく。

　漢語に限定して探そうとすれば高校生の学習活動にもなる。最後まで見つ
からない音節を見いだすのはかなり難しい作業だ。和語の語頭にどんな音節
が現れないかを突き止めるのはさらに難しく，興味深い作業になるだろう。

　このほか発音やアクセント，表記や語彙についても「体系」という視点を
もつことで，その仕組みや働きへの関心は高まるだろう。アクセントが語の

意味の弁別機能を果たしているのは興味をかき立てる事象だ。では，アクセントはほかにはどんな働きをしているのだろうか，また，アクセントと同じような働きをしているものはほかにないだろうか。高学年まで，折に触れて学ぶことで，言葉の仕組みについて理解と関心を深めたい。

　話し言葉と書き言葉の違いは，第5・6学年では「気付くこと」が求められるが，その後，その違いをよりよく理解し，適切に使い分けるためには言葉の仕組みや働きに関する体系的な理解が大切になってくる。小学校段階ではそのことを念頭においた指導が求められよう。

3.「知識・技能」の内容 －「(2) 情報の扱い方に関する事項」

　今回新設されたこの事項は，「情報と情報との関係」，「情報の整理」という2つの内容から構成されている。「情報と情報との関係」の具体的な中身は，第1・2学年「共通，相違，事柄の順序など」，第3・4学年「考えとそれを支える理由や事例，全体と中心など」，第5・6学年「原因と結果など」の理解である。これまでの学習の中でも様々に行われてきたところであるが，あらためてその系統性に注目したい。

　例えば「原因と結果」（第5・6学年）といういわゆる因果関係の理解は「事柄の順序」（第1・2学年）の理解と密接に関係する。日本の小学生は，ある日の出来事を振り返って作文するとき，「事柄の順序」，すなわち時系列にそって書くことがほとんどであるのに対し，米国の小学生は時系列で書くのとほぼ同程度に，因果律つまり「原因と結果」で情報を関係付けながら書くことがあるという報告もある。「B書くこと」の「イ 筋道の通った文章となるように文章全体の構成や展開を考えること」などと関連付けた学習が考えられる。中学校における「意見と根拠」，「具体と抽象」の理解などへの発展を見通しておきたい。

参考文献

渡辺雅子（2004）『納得の構造 ── 日本初等教育に見る思考表現のスタイル』東洋出版社.

（島田康行）

Q 11　文法の指導法にはどのようなものがあるか

　文法の指導法には，教育内容としての文法論の捉え方によって，複数のアプローチがありうる。そこでまず1. では，教育内容としての文法論のとらえ方について確認しながら，初等教育において望ましい文法の指導法について述べる。2. では，小学校以外も含めた最新の学習指導要領解説を参照しながら，今日における文法の指導法をより具体的に述べる。

1．文法論とその指導法

　文法教育における文法論には，大きく機能文法によるものと，体系文法によるものの2つがある。以下ではまずこれらの文法論を確認し，そのうえで初等教育における文法の指導法について述べる。

　文法論のとらえ方には，まず機能文法と呼ばれるものがある。機能文法とは，児童が実際に行う言語活動を想定し，その運用と関連をもつ内容を中心に構成する文法論をさす。一例をあげれば，光村図書小学2年生下（2019年版）には，物語文「お手紙」の直後に，「ことば　主語と述語に気をつけよう」という小単元がある。ここでは，「がまくんは……よろこびました」という教材文中の表現を題材として取りあげる。そのうえで，「主語は，いつも　文のはじめにあるとは　かぎりません」といった事項を扱う。ここでは他の関係，たとえば「修飾・被修飾の関係」や「接続の関係」を取りあげることはしない。あくまで実際の教材文に表れた「主語・述語の関係」のみを示すのである。さらに，「文を読むときには，主語と述語に気をつけると，じんぶつがしたことや　ようすが，よく分かります」「話すときや　文を書くときには，主語と述語が　あいてに　きちんとつたわるようにしましょう」と，児童が実際に言語活動を行う場面を重視し，その運用に関連することを重視している。以上のような点から，これは，機能文法の立場に立って文法論を示していると言える。

これと別に，文法論のとらえ方には，体系文法と呼ばれるものもある。体系文法とは，学問的な文法論の体系を中心に構成する文法論のことである。例えば，「文節どうしの関係」にあたる事項でいえば，「主・述の関係」「修飾・被修飾の関係」「接続の関係」「独立の関係」といった事項を系統的に示す文法論がこれにあたる。このように，取り出しの指導を行ったり，まとめて指導を行ったりすることも，学習の効果を高めることがある。

　しかし，とくに初等教育段階においては，抽象的な文法体系を示しすぎると，かえって学習者の興味関心をそいでしまう場合がある。平成29（2017）年改訂小学校学習指導要領においても，「〔知識及び技能〕に示す事項については，〔思考力，判断力，表現力等〕に示す事項の指導を通して指導することを基本と」すると明言されている（「指導計画の作成と内容の取扱い」1（3））。また実際に，初等教育段階における教科書も，体系文法的なページを示すことなく，上記のような小単元を配置するアプローチが一般的である。初等教育段階においては，体系文法を視野に入れつつも，機能文法的なアプローチを主眼に入れて指導していく必要がある。

２．今日における文法指導

　昭和22（1947）年学習指導要領（試案）は，「これまで，文法の学習指導は，国語科のなかで孤立していた傾きがある。文法を現実の社会生活における言語活動と結びつけなかったし，また，その学習指導に興味を与えるくふうもとぼしかった」という反省を述べた。これ以降の文法指導も，大きな流れとしては，体系文法的なアプローチと機能文法的なアプローチをどのように組み合わせるかという観点から検討され続けてきた。

　平成29（2017）年改訂小学校学習指導要領においても，「主語と述語との関係」に関する指導が明記されるようになった（第3・4学年，知識及び技能（1）カ）。この事項が示されることになったきっかけの1つとして，平成21（2009）年度全国学力・学習状況調査（中学校）における，いわゆる「モナ・リザ文」の問題がある（A問題，大問1，問一）。この問題は，「この絵（「モナ・リザ」）の特徴は，どの角度から見ても女性と目が合います」の「合います」

の部分を適切に修正するというものである。この問題では、「特徴は」という抽象名詞を主語にする場合、述語も「合うことです」のように抽象名詞文にするという知識が問われている。しかし、この問題の正答率はわずか50.8％にとどまった。さらに、平成29（2017）年改訂『小学校学習指導要領解説　国語編』も、このような主語・述語に関する問題の達成度を「課題」として指摘している（第1章総説「2　国語科の改訂の趣旨および要点」）。つまり本資料は、全国学力・学習状況調査の結果を文法学習上の課題と解釈し、それを乗り越えるために前述の項目を設定したのである。このような文法事項の示し方は、まさに機能文法的なアプローチに立つものである。今日において、機能文法的なアプローチがより重視されていることがうかがえる。

　このような傾向は、中等教育段階の学習指導要領にも見られる。平成30（2018）年改訂高等学校学習指導要領における必修科目「現代の国語」は、「文、話、文章の効果的な組立て方や接続の仕方について理解すること」（知識及び技能（1）オ）という項目をおく。この「効果的な組立て方」に関する項目は、旧科目「国語総合」には見られなかったものである。この項目における「効果的な組立て方」とは、同『解説』によれば、「山田さんは書記に選ばれた」という文と「書記は山田さんが選ばれた」という文における「伝えたい力点」の相違を理解する内容のことである。高等学校における文法指導も、実際の言語活動における運用への目配りをより行うようになっている。初等教育における文法指導も、このような内容の変化を見通して行う必要がある。

参考文献

森山卓郎・矢澤真人・安部朋世（2011）「国語科の学校文法における「品詞」について」『京都教育大学紀要』118、京都教育大学、pp.91-106.

山室和也（2012）『戦後文法教育研究の成果と課題』東京学芸大学博士論文.

山室和也（2015）「文法論」髙木まさき・寺井正憲・中村敦雄・山元隆春編『国語科重要用語事典』明治図書出版、p.194.

（勘米良祐太）

Q 12　語彙指導の方法にはどのようなものがあるか

1．語彙指導の目的と実態把握の観点

　新学習指導要領では，「語句の量を増すこと」と「語句のまとまりや関係，構成や変化について理解すること」という量と質の両面から語彙を豊かにするための指導を行うように改善・充実が図られている。学習者一人ひとりが生活の中で獲得してきた語彙を土台として，語句の量を増やしていくこと，語句の理解を深めて話や文章の中で使えるようにしていくことが語彙指導の中心的な役割である。

　他の指導と同様に，語彙指導を行う上でも実態把握を行うことが大切である。例えば，中川昇（1974，pp.63-64）の研究では，選定した語について国語辞典を作るならどのような解釈をつけるのかを記す「辞書的とらえ方」，感じたことや経験したこと，思い出したことなどを記す「イメージ的とらえ方」，似た言葉や反対の言葉などを記す「関連的とらえ方」の3つの観点から調査が行われている。多くの語句を知っているか否か，使っているか否かという観点だけでなく，その語句が学習者一人ひとりにとってどのようなものとして認識されているのかという観点から実態を捉えていくことが重要である。

2．語句の量を増やすための指導法

　「語句の量を増すこと」に関して，学習指導要領には指導する語句のまとまりの目安として，「身近なことを表す語句の量」（第1・2学年），「様子や行動，気持ちや性格を表す語句の量」（第3・4学年），「思考に関わる語句の量」（第5・6学年）が示されている。

　語句の量を増す学習は，実際に話したり聞いたり，書いたり読んだりする学習活動と関連させて行うことが重要である。まずは，日常生活や学校生活における児童の「○○ってどういう意味？」という声や首をかしげる姿を捉え，丁寧に取り上げることから始めたい。そして，学習基本語彙に関する多

くの研究や教科書に掲載されている語句一覧などを参考にしながら，児童の実態に応じて新たな語句を提示し，意味だけでなく活用の仕方も含めて習得できるようにしていく。例えば，授業中の発表やスピーチ，作文などの学習の際に，思考に関わる語句を含めて，伝えたいことをどのような言葉で表現することができるのかを見付けていく学習を行う。具体的には，「うれしい」という感情を伝えたいときに，類語辞典を用いて様々な表現の仕方を知るとともに，自分のイメージに近い文例を参考にしながら話したり書いたりする活動を取り入れ，目的や場に応じて使える語句を増やしていく。新たな語句を知ることによって，どのように表現の幅が拡がったのかを自覚できるようにし，言葉の面白さやさらに新たな語句を知りたいという意欲を高めることが何よりも大切である。

　さらに，語句を増す学習で多く行われているのが，文章を読む学習場面においてわからない言葉や新出語を取り上げる学習法である。例えば，「一つの花」（今西祐行）（光村図書，4年上）の学習で「配給」の意味がわからない時に，前後の文脈や「配」と「給」の漢字を手掛かりとしながら意味を考えたり，辞書で調べた上で，再度文脈上の意味を考えたりする学習がこれに該当する。指導を行う際には，連想される言葉（分配，ふり分ける，給食等）をあわせて扱うなど，語句を学習者の語彙のネットワークに位置付けられるように留意する。

3．語句・語彙の質を深めるための指導法

　語句・語彙の質を深めることに関わる「語句のまとまりや関係，構成や変化など」については，言葉には「意味による語句のまとまりがあること」（第1・2学年）に気付くこと，「性質や役割による語句のまとまりがあること」（第3・4学年）を理解すること，「語句の構成や変化について理解する」こと，「語感や言葉の使い方に対する感覚を意識して，語や語句を使うこと」（第5・6学年）が学習指導要領に位置付けられている。語句のまとまりや語感，言葉の使い方への興味・関心を高めて，学習者が習得した語句を体系化していく学習が中心となる。

低学年では，主に類義語や対義語など，「意味」に着目して関連する語句を集めたり，集めた語句を比較して意味や用い方についての理解を深めたりする学習を行う。例えば，色や天気，動物に関する語句を集めたり，「冷たい」と「寒い」など日常生活の中で何気なく用いている似た意味の言葉を比較して，使い分けを意識しながら読み書きしたりするなどの学習を行う。

中学年では，物の名前を表す語句や動きを表す語句，主語になる語句や述語になる語句など，語の性質や役割に着目して言葉を集めたり整理したりする学習を中心に行う。

高学年では，これまでの語彙学習を踏まえた上で，類義語や対義語，上位語・下位語など「語句と語句との関係」を把握できるように整理する。また，複合語や派生語，略語，慣用語などを取り上げて「語句の構成」に着目させたり，花畑（音の変化）や帰り道（語形の変化）などを例示して「語句の変化」に気付かせたりする学習を行う。さらに，高学年では，読むことの学習の際に接続詞や文末表現などに着目して読むことで，思考に関わる語句の用いられ方に気付かせる。また，原因と結果の関係を示すときや複数の情報を比較して考えを述べるときなど，具体的な目的や場を例示し，表現方法を吟味する学習を取り入れる。話したり書いたりする際には，語句や文の適切さを判断するとともに，文章の美しさやリズムなどに着目させて，言葉に対する感覚を磨いていくことも大切である。

参考文献

中川昇（1974）「Ⅰ語い指導と他教科」倉澤栄吉編『国語教育の実践的課題 ── 語句指導と語い指導』明治図書出版，pp.7‑66.

（長岡由記）

Q13　国語科における情報の扱い方にはどのようなものがあるか

　小学校学習指導要領国語において「情報の扱い方に関する事項」は，〔知識及び技能〕に新設された項目である。これまで，「話すこと・聞くこと」「書くこと」「読むこと」の３領域の指導内容として位置付けられていた学習や指導のスキルに関する内容が〔思考力・表現力・判断力等〕と区別され，新たな〔知識及び技能〕として整理されたものである。

　そもそも，情報という項目の新設趣旨について学習指導要領では，「話や文章に含まれている情報を取り出して整理したり，その関係を捉えたりすることが，話や文章を正確に理解することにつながり，また，自分のもつ情報を整理して，その関係を分かりやすく明確にすることが，話や文章で適切に表現することにつながるため，このような情報の扱い方に関する「知識及び技能」は国語科において育成すべき重要な資質・能力の一つである。」と示されている。ここから，国語科における「情報」という項目の必要性について，現代社会において情報を正確に理解することと，適切な表現をすることの能力育成が不可欠になってきていることがわかる。

　学習指導要領の「情報の扱い方」は，アの「情報と情報との関係」，イの「情報の整理」の２つの内容として構成されている。アは，話や文章に含まれている情報と情報との関係を捉えて理解したり，自分のもつ情報と情報との関係を明確にして話や文章で表現したりするためのものである。また，イは，情報を取り出したり活用したりする際に行う整理の仕方やそのための具体的な手段について示している項である。

　「情報の扱い方に関する事項」において指導すべき内容については，学習指導要領において次のようにまとめられている。

　表3-13-1（次ページ）を見ると，「情報の扱い方に関する事項」において指導すべき内容について詳細に位置付けられていることが分かる。このよう

表3-13-1　情報の扱い方

学年	1・2年	3・4年	5・6年
情報と情報との関係	共通 相違 事柄の順序など	考えとそれを支える理由や事例，全体と中心など	原因と結果など
情報の整理	中・高校の教員免許	比較や分類の仕方，必要な語句などの書き留め方，引用の仕方や出典の示し方	情報と情報との関係付けの仕方，図などによる語句と語句との関係の表し方

に，発達に応じた段階的なアプローチが情報の正確な理解と適切な表現のスキルを育成するうえで重要である。

　しかしながら，さらに重要なことは，情報を活用していく能力を育成する授業を充実させていくために，スキルとしての情報の扱い方を独立させて指導を進めるのではなく，〔思考力・判断力・表現力等〕の「話すこと・聞くこと」「書くこと」「読むこと」の指導内容の情報活用として，より言語活動の場面に即した指導の方法を検討していくことが望ましい。

　たとえば，「A話すこと・聞くこと」の項目では，第3学年及び第4学年の言語活動例として，「質問するなどして情報を集めたり，それらを発表したりする活動」が挙げられている。これは，自分が知りたいことを考え，質問したことをまとめて話したり書いたりして発表する活動が想定されている。これを情報の項目と合わせて捉えると，話を聞く相手の考えを比較・分類し，語句の整理等をおこないながら，理由，事例，全体と中心を根拠に，説明や発表のスキルを育成していくという学習が想定される。

　また，「B書くこと」の項目には，書く「材料」として情報が位置付けられており，全学年を通して，「ア　題材の設定，情報の収集，内容の検討」の対象として捉えるものになっている。たとえば，文章を書く際に，やみくもに情報を収集するのではなく，相手や目的を念頭に置いて情報を得たり，集めた情報を，比較・分類し，語句の整理等を行いながら，伝えたいことが明確になるように整理することが求められている。

　さらに，「C読むこと」では，説明的文章の精査・解釈に「ウ　目的に応じて，文章と図表などを結び付けるなどして必要な情報を見付けたり，論の進

め方について考えたりすること。」とある。これは中学校第1学年の「目的に応じて必要な情報に着目して要約」する学習へ向かう，接続を意識されている項目があり，情報の扱い方の項にある「情報と情報との関係付けの仕方」や「情報と情報との関係付けの仕方」，「図などによる語句と語句との関係の表し方」を意識して正確な情報を読み取る学習をおこなうものにつながっている。

　「C読むこと」の項目においてもう1つ注目しておかなくてはならないことは，第3学年及び第4学年において示されている言語活動例の「ウ」の項目である。ここには，「ウ　学校図書館などを利用し，事典や図鑑などから情報を得て，分かったことなどをまとめて説明する活動。」と示されている。なぜ疑問に思ったのか，どのようなことを更に調べたいのかなどについて，学校図書館や百科事典など，複数の情報媒体から調べ，何がわかったのか，わからなくて調べ直した部分，わかったことなどをまとめて話したり書いたりして説明するという学習である。

　この学習指導が重要な理由は，学習指導要領に記されているように，複雑な社会情勢のなかで，「子供たちが様々な変化に積極的に向き合い，他者と協働して課題を解決していくことや，様々な情報を見極め知識の概念的な理解を実現し情報を再構成するなどして新たな価値につなげていくこと」が今後一層求められると考えられるためである。

　しかしながら，このように学習者自身が身に付けた情報活用能力を日常生活における新たな価値の創造につなげていく活動へ向かっていくためには，国語科における情報を扱うにあたり，ただ各項目での活動を計画するだけでは十分ではない。

　そもそも，「情報」というものは，社会や日常生活の環境の中で，分割して一部分のみを捉えるという方法を想定することは難しい。授業者の問いかけに対し，学習者は必要な情報を聞き取り，その情報を精査して書き取り，再構成してさらに周りの学習者に問いかけるなど，常に多様な情報を複合的に融合させた解釈と表現を行っていかなくてはならないという役割があるということを押さえておかなくてはならない。

「情報」というものはこのように断片的に把握することが困難だという特徴があるため，「様々な情報を見極め」包括的に捉えていくために，言語活動において授業者の工夫が大いに求められる。

　たとえば，「読むこと」の言語活動のなかで学習指導要領に示されている「ウ　学校図書館などを利用し，事典や図鑑などから情報を得て，分かったことなどをまとめて説明する活動。」をおこなう場合，せっかく図書館や本や事典や図鑑などから情報を得ても，どのように「A話すこと・聞くこと」につなげ，説明したことへの質問をどう受け，情報を修正して再びどう説明し直すか，または，そのように修正した情報をどのように記録としてまとめ，情報収集の結果として残すか，という「B書くこと」の学習につなげて発展させなくては情報を扱う学習活動としての意義が薄れてしまいかねない。

　1つのコンテンツの学習のみで終結するのではなく，さまざまな言語活動の場面の中で，性質の異なる「情報」と「情報」との出会いを経験させ，それぞれの「情報」の解釈が融合することにより，新たな語彙習得につながったり，より深い意味理解につながったりすることが期待できる。

　さらに今後は，紙媒体ばかりでなく，Webやムービークリップなど，多くのメディアを有効に活用し，より多くの情報の種類を多角的に積極的に言語活動に導入していくことが求められている。

参考文献

高木まさき（2009）『情報リテラシー』明治図書出版.

堀田龍也監修（2016）『「情報編集力」を育てる問題解決的な授業づくり』
　　　明治図書出版.

堀田龍也編著（2017）『新学習指導要領時代の間違えないITC』小学館.

（瀧口美絵）

Q14　読書の指導法にはどのようなものがあるか

1．自由読書

　週に1回学校図書館に行って，好きな本を選んで読書するということが行われているとしたら，それは自由読書と言う。「宮沢賢治の本を1冊」「△△学校の100選の中から5冊」のように，全くの自由でなくて指定図書の中から選択させるような場合も，ここに含める。自由読書で選んだ本について記録をとらせたりすると，教師は児童の読書傾向を把握することができる。

2．目的に応じて限定的に読ませる読書

　特に目的がはっきりしているときには，グラフィック・オーガナイザー（思考ツール）などを用いて何をどのように読みとるのかを限定して読ませる指導法がよい。物語の構造をとらえるストーリーマップ，ある事柄の長所・短所・興味のあるところをとらえるPMI（Plus Minus Interesting），共通点・相違点を意識するベン図，既有知識を呼び起こした上で知りたいことを明確にして読むならばKWL（What I know, What I want to know, What I learned and still I need to learn）などを使用することができる。

3．読み聞かせ

　文字が読めるようになって読書ができるようになってきたとしても読み聞かせは重要である。読み聞かせには読み手である教師が音読するのを聞き手である児童が静かに聞く静聴型読み聞かせと，読み聞かせ前・中・後に読み手と聞き手，聞き手同士の意図的な交流を行わせる交流型読み聞かせがある。

4．読んだ本の紹介

　ブックトークは，あるテーマに基づいて複数の本を順序よく紹介していくもので，児童に適切な本を紹介したり，読みたい気持ちにさせたりするため

に，もとは教師や司書などによって行われてきた。最近では，児童によるものも行われている。

ビブリオバトルは，谷口忠大が大学生で始めた「知的書評合戦」で，発表者が自分で読んで面白いと思った本を持参し，その本を5分などと時間を決めて紹介し，紹介された本について質疑応答が行われる。それを複数人繰り返した後，最も読みたくなった本を投票し「チャンプ本」を決定する。

ビブリオトークは，笹倉剛がビブリオバトルをより小学生・中学生向けに改善したもので，1人または複数人で，3〜4分など時間を決めて本を紹介させるのであるが，「チャンプ本」を決めずにどの本を読みたくなったかを挙手させる。

この他，読書新聞，読書郵便，読書感想文，書評，ブックレポートなど，様々な形式で書く紹介の方法がある。

5．集団読書の方法

読書へのアニマシオンは，児童に2週間ほど前に本を渡しておき，その本について「作戦」と呼ばれる様々なゲームを通して読み方を学ばせるという方法である。

リテラチャー・サークルは，教師が紹介した複数の本の中から同じ本を選んだ児童3〜5人でグループ編成をする。児童は，グループに読む範囲，読む役割を決め，複数回にわたって役割に従って読んできて話し合うということを繰り返し，1冊の本を読み切るという方法である。

インクワイアリー・サークルは，5人程度のグループになり，グループの課題を立て，それぞれが様々なものを読みグループのメンバーに報告し，解答を導き出して，発表するという探究学習の方法を用いたものである。読む物は本だけでなく，記事やウェブサイトの情報など，様々なものが含まれる。

パートナー読書は，児童がパートナーと読む本を決め，決めた本を個別に読んできて，パートナーと自分が考えたことについて話し合ったり手紙交換を行ったりするものである。

6．筆者想定法・読者想定法

　筆者想定法は，もとは倉澤栄吉によって1970年代に開発された主に説明的文章などを読む際の方法である。想定というのは，筆者が考えていたであろうことを想像して定めていくということである。筆者想定法には第１次想定（文章作成の動機や意図を想定する），第２次想定（取材，構想の過程を想定する），第３次想定（筆者と直接に対面し，読み手の世界を拡充する）の３つの段階があるという。書かれている内容を読み取るだけでなく，その内容が筆者の考えによって記されていくというこの方法は，様々な人が筆者になりうる現代において，特に重要な方法であると言えるであろう。

　読者想定法は，本や文章をどんな人が読むか，読者を想定していく方法である。想定した読者に名前を付け，立場や性格など決めた上で，その人だったらどう読むか，読者反応を想像するという読み方である。

　筆者想定法も読者想定法も時間がかかるので，頻繁に行うものではなく，読書というものの本質的な仕組みを知る授業を行う際に用いたい。

参考文献

足立幸子（2016）「読者想定法によるノンフィクションの読書指導」『新潟大学教育学部研究紀要人文・社会科学編』8（2），pp.133-141.

足立幸子（2021）「インクワイアリー・サークル」『新潟大学教育学部研究紀要人文・社会科学編』14（1），pp.1-9.

倉澤栄吉・青年国語研究会（1972）『筆者想定法の理論と実践』共文社.

笹倉剛（2015）『グループでもできるビブリオトーク』あいり出版.

塩谷京子・小谷田照代・山本泰子（2018）『小学校　明日からできる！　読書活動アイデア辞典』明治図書出版.

（足立幸子）

Q 15 小学校低学年における書写の指導は どのように行うか

1. 入門期における書写の教育

　近年，幼稚園と小学校の接続が課題となっており，小学校教員は入門期における文字の読み書きの指導について十分に理解しておく必要がある。その前に幼児教育における文字指導の状況について押さえておきたい。

　平成29（2017）年の「幼稚園教育要領」では，「幼児期の終わりまでに育ってほしい姿」が示され，10項目のうちの8番目に「数量や図形，標識や文字への関心・感覚」が挙げられている。ここでは，到達目標として文字の読み書きを求めているのではなく，心情的な方向目標として設定されている点に注目しておきたい。

　上記のように公的には幼児教育に文字の読み書きの習得は求められていないものの，「読むこと」については，年長児の多くがかな文字を読めていることが確認されている。他方，「書くこと」についてはそれぞれの幼稚園の方針によって指導されている状況がある。こうした状況に加えて児童の個人差も大きいため，児童の入学前の状況と現在の文字習得状況を把握した上で「書写」指導に臨む必要がある。

2. 入門期における児童の発達段階

　入門期において「読む」ことは自主的な習得が進む一方で，「書く」ことについては自然習得が困難である。入門期の「書く」指導が難しい理由には以下のようなものが挙げられる。
①書くことの習得には，筆記具の持ち方や筆順などの文字を表現する過程が求められる。
②曲線の多いひらがなは，直線の多いカタカナに比べて書くことは難しい。
③クレヨンのような筆圧をかけずに使用できる筆記具は扱いやすいが，鉛

筆など軸の細い筆記具の取扱いが難しい。

④児童が認識したひらがなの字体をそのまま正しく表出することが難しい（鏡文字など）。

以上のような理由から，入門期の書写の指導は筆記具の取り扱いから始めたい。

3．小学校学習指導要領における国語科「書写」

「学習指導要領」の「第2　各学年の目標及び内容」「書写」における低学年の目標は，以下の通りである。

表3-15-1　「学習指導要領」における「書写」の内容

第1学年及び第2学年	（ア）姿勢や筆記具の持ち方を正しくして書くこと。 （イ）点画の書き方や文字の形に注意しながら，筆順に従って丁寧に書くこと。 （ウ）点画相互の接し方や交わり方，長短や方向などに注意して，文字を正しく書くこと。

（ア）筆記具（鉛筆）の持ち方

入門期には，すでに幼児期に自己流で鉛筆の持ち方を身に付けている児童が少なくない。まずは，正しい姿勢と筆記具の持ち方を習得させたい。鉛筆の持ち方指導の例として，親指と人差し指で鉛筆の削った部分の少し上をつまみ，これを手の甲側に倒して中指を添える方法がある。第1学年用の教科書では，「①えんぴつをつまんで」，「②もちあげて」，「③すうっと　たおして　なかゆびまくら」のような手順で教えている。

ひらがなに代表されるように，日本語の文字は縦方向の動きが重要である。正しい持ち方で人差し指を上下することにより，縦方向の上から下への動きが円滑になる。なお，鉛筆の持ち方を改善するには，市販の補助具を使用することも有効である。

（イ）点画の書き方や文字の形

入門期におけるひらがなやカタカナの字形指導では，筆記具を使用する前に空書きが有効である。てのひらや人差し指を筆記具に見立てることによ

り，筆順や字形を体で覚えることにつながる。なお，教師は空書きの際に児童と向かい合い左手で書くようにすると，児童にとって動きがわかりやすく，教師も児童の動きを確認することが可能となる。

　ひらがなやカタカナの筆遣いには，「止め（終筆）」，「払い（終筆）」「曲がり（送筆）」「折れ（送筆）」「結び（終筆）」がある。一方，漢字の場合は，「止め」，「はね」，「払い」，「折れ」，「曲がり」，「反り」，「点」がある。筆遣いの指導において，「止め」では「ぴたっ」，「払い」では「すうっ」，「曲がり」では「ぐるーっ」などのように教科書で例示されている擬態語を活用すると児童にとって筆遣いのイメージがしやすくなる。

　字形の学習としては，文字の外形（概形）について理解することが必要である。外形とは，文字の周りを線で囲むときに作られる形である。こうして，文字には真四角，横長方形，縦長方形，三角形，逆三角形などの外形があることを知ることにより，字形への理解が深まるのである。

　筆順について，漢字には伝統的に複数の筆順が認められる文字も少なくないが，現在の学校教育においては児童生徒が混乱しないよう一文字一筆順の方針で指導している。筆順には，「上から下へ」「左から右へ」「横から縦へ」といった原則をあることに触れながら，正しい筆順で書くことが，効率的な筆脈，整った字形で書くために重要であることを理解させたい。

　なお，「学習指導要領」では，新たな配慮事項として，低学年の内容における「（イ）点画の書き方や文字の形」について，適切に運筆する能力を向上させる指導の工夫が求められており，『小学校学習指導領解説　国語編』では，水書用筆の使用が例示されている。水書用筆とは，時間の経過とともに筆跡が消えるという特性をもち，扱いが簡便で弾力性に富んでいるため，毛筆の前段階での運筆練習に適している。

（ウ）点画相互の接し方や交わり方，長短や方向など
　おもに第2学年で学習する画の長さや，点画の交わり方は，たとえば「言」の横画の長さについて，二画目だけが長いことを理解することなどが挙げられる。こうした画の長短の理解の指導では，補助線などを用いると児童が理

解しやすい。また，点画の間隔については，「日」や「目」の横画の間隔を均等にすることなどを理解することである。間隔に〇印を付けることで視覚的に理解を促すとよい。

　低学年の時期は，文字学習の入門期として「書く」ことへの関心が急速に高まる時期である。そのため，低学年における「書写」では，幼児教育における文字との関わりを継承しつつ，児童の興味関心を引き出しながら楽しめる活動を増やして基礎の習得に努めたい。こうした言語活動を通して文字と親和的になることを目指していくことが求められるのである。

参考文献

文部省（1958）『筆順指導の手びき』博文堂.

文部科学省（2018）『幼稚園教育要領解説』フレーベル館.

文部科学省（2018）『小学校学習指導要領解説　国語科編』東洋館出版社.

（鈴木貴史）

Q 16　小学校高学年における書写の指導は　どのように行うか

1．〔知識及び技能〕に位置付く書写

　平成29（2018）年改訂小学校学習指導要領において，書写は〔知識及び技能〕の「(3) 我が国の言語文化に関する事項」に位置付けられた。高学年の目標には，「(1) 日常生活に必要な国語の知識や技能を身に付けるとともに，我が国の言語文化に親しんだり理解したりすることができるようにする。」とある。

　したがって，高学年における書写の指導は，理解し使うこととして挙げられている事項を，この〔知識及び技能〕に関する目標を念頭に置きながら指導しなければならない。

2．高学年における書写指導のあり方

（1）高学年における書写指導の目標

　〔知識及び技能〕に関する高学年の目標には，「日常生活に必要な国語の知識や技能を身に付ける」ことと「我が国の言語文化に親しんだり理解したりすることができる」ことという2つの要素が含まれている。書写においても，この2つの要素を踏まえた指導が必要になる。

　書写に関して「日常生活に必要な国語の知識や技能を身に付ける」こととは，『小学校学習指導要領（平成29年告示）解説　国語編』の記述にあるように，各教科等の学習活動や日常生活に生かすことのできる書写能力を身に付けることを意味する。ここで留意しなければならないのは，これまでの書写指導が他の学習活動や日常生活で活用することから切り離されて孤立的に手本に近い字形を書写する能力の育成に閉塞しがちであった実態を改善すべきであるという，明確な意思表示がなされている点である。この点は，平成20（2009）年改訂学習指導要領で強調されたことを継承している。

　書写に関して「我が国の言語文化に親しんだり理解したりすることができ

る」とは，芸術性を求める書道に象徴されるように文字を目的や相手によって工夫して書写することが文化として定着している我が国において，芸術性の高い書作品（文化財）だけでなく，活字やデザイン文字などを含め日常生活で目にする文字そのもの，手紙を手書きするといった生活（文字生活）にまで関心をもつ態度を育てることを意味している。

（2）高学年における書写指導の内容

　前述した高学年における書写指導の目標を実現するための指導内容は，学習指導要領に示された指導事項を参考にすることになる。低学年での書写学習の基本的な内容及び字形を整えるために必要な留意点を踏まえた単体の文字の書写に関する事項，中学年での語や文を書写することを前提とした書写活動に関する事項及び毛筆書写に関する事項を経て，硬筆書写における配置・配列及び書く速さに関する事項と毛筆書写における穂先の動きと点画のつながりに関する事項，目的に応じた筆記具の選択と書写活動に関する事項が高学年の指導内容である。

　高学年で指導内容の中核となる書く速さと目的に応じた書写力を育成するための事項は，ノートしたり文章表現活動を行ったり，標語やポスターなどを作成したりするといった幅広い学習活動に役立つ書写力や日常生活における書字活動に生きる書写力の育成につながるものである。

　なお，高学年の書写指導の内容には硬筆書写の内容と毛筆書写の内容が含まれるが，これらを別々に捉えて指導することに止まることなく，相互連関性に基づく指導が実現できるように指導内容を考えることも必要である。

　また，高学年の〔知識及び技能〕に関する目標に示された我が国の言語文化に親しませることを実現するためには，前述したように「言語文化」が文字・作品化された文化財・文字生活の三層を包含していることを踏まえて，教科書教材のみに囚われることなく，日常生活で目にする多様な素材・生活を指導内容として提示する必要がある。

（3）高学年における書写指導の方法

　教科書教材を手本として慣例的に指導する旧来の指導観に囚われず，高学年における書写指導においては，以下のような点に留意する必要がある。

①「主体的・対話的で深い学び」が実現できる指導過程の工夫

　平成29（2018）年改訂小学校学習指導要領のコンセプトの1つとして重視されているのが，指導のあり方（授業）を「主体的・対話的で深い学びの過程」として再構築することである。そのためには，学習指導過程に「見通しをもたせる」・「学習を振り返らせる」といった主体性を保障するための学習活動を組み込む必要がある。また，個別学習として行われがちな書写学習の中に，それぞれの工夫を説明したり助言し合ったりするというような他者と交流しながら学びを拡充していく活動を組み込む必要がある。そして，これらの主体的で対話的な学びの過程や結果において，これまでの学習成果や他の学習活動・日常生活に生きる書写技能が育成され書写学習の意義が理解されたとき，深い学びが実現することになる。

②書写学習と国語科の他の分野とを連関させた単元学習の工夫

　これまでの孤立的な書写学習に陥らせないためにも，書写学習の成果を必然的に生かせる学習活動が組み込まれた単元の設定が必要となる。書写技能を身に付けさせたうえで他の学習活動を行わせるというボトムアップ型の発想ではなく，例えば創作意図を反映させて俳句や短歌を短冊などに書字するといった学習活動の必要性から書写学習を単元に組み込むといった基礎に降りていく学びを促す単元設定が工夫されるべきである。

③モジュール学習の工夫

　書写力のような技能的学力の育成には，10分程度の時間を積み上げて一単位時間としてカウントしうるモジュール学習を積極的に取り入れ，技能の定着に必要なリハーサルの機会を確保することも考慮すべきである。

参考文献

松本仁志（2009）『「書くこと」の学びを支える国語科書写の展開』三省堂.
松本仁志・鈴木慶子・千々岩弘一（2011）『書写スキルで国語力をアップする！新授業モデル』明治図書出版.

（千々岩弘一）

第4章

国語科の評価法

Q1 国語科における評価法にはどのようなものがあるか

1. 国語科における評価法の種類

　国語科の評価にあたっては，評価の目的や評価主体，評価対象などに応じて，様々な評価法を適宜選択したり，組み合わせたりする。観点別学習状況評価の3観点で見てみると，「知識・技能」の評価に対しては，事実的な知識やその概念的な理解を問うペーパーテストによる評価があげられる。「思考・判断・表現」の評価に対しては，論述やレポートの作成，発表やグループでの話し合い，作品の制作などの活動及び，それらをまとめたポートフォリオによる評価があげられる。「主体的に学習に取り組む態度」の評価に対しては，ノートやレポートの記述，教師による行動観察や児童による自己評価・相互評価による評価があげられる。

　近年は特に，「真正の評価」の考え方に基づいて，身に付けた知識や技能を現実世界で活用できるかどうかという高次の学力を評価することが求められている。「真正の評価」は，1980年代のアメリカにおいて，標準テストがテスト場面という特殊な状況下での学力しか評価していないのではないかと批判されたことを背景に提唱された考え方である。標準テストにかわる新たな評価の形式として，現実世界で生きて働く本物の学力を評価しようとするものである。

　以下では，こうした高次の学力を評価するための方法として，日本で1990年代後半以降に提案されたパフォーマンス評価とポートフォリオ評価という2つの評価法を取り上げる。

（1）パフォーマンス評価

　パフォーマンス評価は，概念の意味理解や知識・技能の総合的な活用力を，作品や実演を通して直接的に捉えようとする評価の方法である。特に，狭義のパフォーマンス評価では，現実的で真実味のある場面を設定した複雑な学習課題であるパフォーマンス課題に取り組ませ，その過程や成果物について

評価する。なお，パフォーマンス課題の難易度については，小学校低学年や中学年において課題の抽象度を上げすぎないようにするなど，発達段階を考慮して設定する必要がある。また，パフォーマンスを質的かつ総合的に把握するにあたっては，成功の度合いを示す尺度と，それぞれの段階に対応するパフォーマンスの特徴を記述した評価基準表（ルーブリック）を用いる。ルーブリックは，学習者の実際の作品や実演などを基に作成され，実践を重ねることでより多くの事例が集まると，それに合わせて更新される。ルーブリックの記述語を発達段階に応じて工夫し，学習者とルーブリックを共有することで，学習者が評価活動に参加するためのツールとして機能させることができる。

（2）ポートフォリオ評価

　ポートフォリオ評価は，学習の成果物やその過程における様々な資料を蓄積したファイルを使って評価する方法のことである。ポートフォリオは，ファイルに何を入れるかという基準の決め方によって3種類に分けられる。学習者が残したいものを入れておく「最良作品集ポートフォリオ」，何を入れるかについて教師と学習者とが一緒に決める「基準創出型ポートフォリオ」，教師が基準を予め決めておく「基準準拠型ポートフォリオ」である。

　ポートフォリオは，学習者による自己評価のためのツールの1つである。学習者が評価主体となる自己評価は，評価することを教師による学習の改善に活かす「学習のための評価」として機能するだけでなく，評価すること自体が学習者の自己評価力を高める「学習としての評価」として機能するものである。的確な自己評価を促すためには，教師対学習者や学習者同士といった他者と対話する機会を設けることが有効である。たとえば，作成したポートフォリオについて交流する検討会は，学習者が自分自身の成果を披露する機会であるとともに，他者とのやり取りを通して次への目標や見通しを明確化できるようになるための学習の機会でもある。なお，小学校低学年や中学年の学習者では，学習の成果を記述したり，自分自身をメタ的に捉えたりすることが難しい場合があるため，教師による手立てを充実させるなどの工夫が必要である。

2．国語科における評価法の開発

　これまで説明してきた評価法は，広く教育学領域で用いられているものを，国語科でも活用しようとするものである。しかし，ここで示した評価法に限らず，国語科の学習活動では様々な場面で評価という行為が行われている。教師は，国語科の学習活動における学習者との日常的なコミュニケーションを通して，学習者に関わる様々な情報を把握している。学習者もまた，学習活動で生じる他者とのコミュニケーションを通して，自分自身や学習活動に対する認識を深めている。そのため，学習活動の中で生じる様々なコミュニケーション自体を評価法という視点で捉え直すことによって，国語科の学習活動の中から評価法を開発していくことも可能だといえる。具体的には，活動の中で生じる教師と学習者や学習者同士のコミュニケーションが果たしている役割を意識的に見直したり，学習者が自分自身や学習活動に対する認識を深めていく過程自体を表出させる工夫をしたりすることによって，国語科から新たな評価の方法を提案できる可能性がある。

参考文献

菊田尚人（2016）「国語科における評価の方法に関する研究の批判的検討 — 評価の目的の違いに着目して」『人文科教育研究』43, pp.69-81.

国立教育政策研究所（2020）『「指導と評価の一体化」のための学習評価に関する参考資料　小学校　国語』東洋館出版社.

田中耕治編集代表（2020）『2019年改訂指導要録対応　シリーズ 学びを変える新しい学習評価　理論・実践編1 資質・能力の育成と新しい学習評価』ぎょうせい.

西岡加名恵・石井英真・田中耕治編（2015）『新しい教育評価入門 — 人を育てる評価のために』有斐閣.

（菊田尚人）

Q2　国語科における事前評価とはどういうものか

1　事前評価の意義と目的

　単元や授業を計画する段階で，教材分析によって得られた情報に加え，学習者に関するさまざまな情報を事前評価によって把握し，効果的に利用することで設計する学習の展開やゴール，学習活動を学習者に適した学習効果の高いものにすることができる。こうした「指導と評価の一体化」を進めるためには，教師の教材理解や国語学力，言語活動への理解を基盤とし，「内容のまとまり」ごとに学習目標や学習活動を明確にし，長期的な学習計画に「PDCAサイクル」を埋め込んでいく必要がある。

　事前評価は，単元の事前評価と個々の授業における事前評価とに分けられる。近年，「深い学び」を追求するにあたり，深まりを生み出すための学習の構成が単元レベルで求められるようになり，単元計画の資する事前評価の重要性が増している。

　さらに，事前評価の果たす役割はカリキュラムマネジメントの観点からも重要性が増している。事前評価は，単元と単元，授業と授業をつなぐ役割を持っており，既習事項に対する学習者の理解度や習熟度を情報として得ることで，長期的な観点からこれから行う単元や授業を位置付けることが可能となり，単元や教材を結んで，言語能力や読解力の形成を学習計画に反映することができる。

　また，事前評価によって得られた情報を学習者と共有することで，これから行われる学習や扱う教材との関係を深める学習場面をつくりだすことができる。自分がこれから行われる学習や扱う教材にどのような興味関心を抱いているかという点を自覚するとともに，どのように取り組んでいくのかという学習のイメージを形成させる効果がある。さらに，他の学習者の興味関心や学習のイメージに触れることで，新しい学習に取り組んでいくための他者意識や協同意識を誘発することにつながり，学習集団作りの観点からも効果

がある。

2. 小学校国語科における事前評価の実際

（1）「読みの授業」における事前評価

　事前評価は従来，診断的評価として位置付けられており，これから行われる学習に対する学習者の興味・関心や必要とされる能力の有無などが評価の対象となり，学習者個々人の学習への適応度を判断するために行われていた。

　読解指導においては，詩教材や物語文教材の場合には，作品の構成要素，つまり題名や登場人物，場面や登場人物の言動など，初読を終えた学習者に対して，教材に対する興味や関心が教材のどの部分に向けられているのかという点を把握することで，学習者個々人の，もしくは学級全体の読みの出発点を具体的に措定することが可能となる。それを足場に，どのような時間配分でどのような読みの観点からどのようなゴールに向かう学習を構成するのかという点を吟味することとなる。

　低学年などの場合には，初読の後に感想を述べ合うペア学習を行ったり，印象に残っていることを絵に表したりすることで，学習者個々人が教材の記述をどのようにイメージ化しているかという点を把握することができ，読解力の低い学習者への支援の方策を考慮することが可能となる。

　またこういった初読の感想を学級全体で共有する場面を作ることで，教師だけでなく学習者にとっても事前評価の結果が効果をもつことになる。自分とは違う要素に興味をもっている友達に出会うことで，読みの多様性や異質性を見出す機会を持ち，授業のなかで他の学習者の読みに対して興味をもつきっかけとなり，「みんなで読む」ことの基盤作りとなる。

　説明文教材の場合には，教材のなかで扱われている内容を「どの程度知っているか」，もしくは「実際に経験したことがあるかどうか」といった学習者の生活経験や既有知識との関係性を把握するための事前評価が行われることが多い。これは，題名読みなど，初読より前の段階で行われることもあり，「どのようなことが書かれているか」を推論させることで，学習者が教材の内容をどの程度，リアルに，自分のこととして捉えているのかというこ

とを把握することが可能となる。

　また，総じて新出漢字や語句など，音読の難しいところや意味の捉えにくいところなどを事前評価によって把握しておくことで，読解学習の学習過程に，言語事項に関する学習を効果的に埋め込むことが可能となる。

（2）言語活動における事前評価

　授業において言語活動を行う際，取り立て指導の場合には指導の開始時期に，読解学習に埋め込んでいる場合には，活動の開始時期に事前評価を行う必要がある。事前評価によって得られた情報は活動の足場作りや動機付け，見通しを持たせる場合などに効果的に利用することができるからである。

　活動で扱う題材に対する興味や関心，リアルな感覚をもって自分のこととして受け止めているかどうかという点は，これから行う言語活動に対して学習者がどの程度主体的に取り組もうとしているのかという点を判断するための情報である。この点が低い学習者に対しては，導入の段階で主体性を喚起するアプローチを施さなければならない。また，活動そのものをどの程度理解しているか，目的や手順，必要性や効果，ゴールに関する理解の程度を事前評価によって把握しておくことで，活動中にどのような支援を行う必要があるかということが明らかになる。

　さらに，話し合いや発表など継続的に指導する言語活動については，これまで取り組んできたことや意識させてきたポイントなどを想起させる事前評価を行ったり，例えば「発表すること」に対して学習者自身がどのように捉えているのかという点やどの程度の工夫が自覚的に行えるのかという点を捉えることで，言語活動の指導自体を長期的なカリキュラムとして計画することにつながる。

参考文献

国立教育政策研究所（2020）「指導と評価の一体化」のための学習評価に関する参考資料.

（松友一雄）

Q3 国語科における形成的評価とはどういうものか

1．概要

　形成的評価は，診断的評価，形成的評価，総括的評価という教育評価の三機能のうち，単元や授業の過程において指導と一体的に行われるもので，学習者の学習内容の理解や学力の形成に直接結びつく重要な機能を果たす。

　国語科における形成的評価は，「話すこと・聞くこと」「書くこと」「読むこと」「伝統的言語文化」等の各学習領域の目標に照らし，学習者の教材理解や言語活動等の学習状況について，発問やワークシートの記述を通じて方向性を修正したり，教師の指導方法や進度を調整したりするものである。

2．形成的評価における目標の設定と評価の方法

（1）目標の設定

　現代における教育評価は，目標がどこまで達成されたかという到達度（目標に準拠した評価）に基づいて行うものとされている。このことから，単元計画の段階で，最終的に身に付く学力がどのような現実的な場面で発揮されるのかをイメージし，単元全体や各授業での目標を明確にしておくことが重要である。このことは，「逆向き設計」と言われる。

　1時間の授業の中で行われる形成的評価については，最終的な目標の達成に至る下位の目標を教材や言語活動の構造との関係において把握することが必要になる。形成的評価は，指導と表裏一体のものとして行われるため，段階的な評価基準を厳格に設定するのは難しい。むしろ達成させたい目標を明確にしたうえで，到達までの大まかな段階や，学習者がつまずきやすい点を予想し，そのための支援を工夫することが重要である。

（2）形成的評価の方法

　形成的評価は，授業における教師の発問やヒント，説明，指導的評価言のように口頭で行われるものと，板書やワークシート，ICTのように文字や図

によって示されるものとがある。

　発問は，到達したい目標を示すような大きな発問，達成するためのスモール・ステップや手がかりを与える小さな発問というように階層性やプロセスを想定し，思考の流れに沿ったものになるよう工夫すべきである。また，指導的評価言は，学習課題に対する学習者の反応や言語活動に対して，教師が肯定的な声かけや励ましを行うことで，その後の学習活動の進むべき方向や理解の望ましい在り方を示唆し，より高い達成へと学習者を導くものである。一方，説明も，必要な情報を与えるだけでなく，学習者の反応を整理し，理解のポイントを明確に示すものであれば，形成的評価の機能をもつものとなる。板書やワークシート，ICTは，こうした教師の指導性を視覚化したものであり，発話と組み合わされることでその効果を発揮する。

　教師による評価の他，学習活動としての学習者同士の相互評価も形成的評価として有効な方法である。ペア活動や小グループでの話し合いの中で他の学習者の考えを聞くことは，自分の到達度を確かめることになる。また，言語活動の途中の経過をもちより，相互に参考になる点や課題と感じる点をコメントし合うことは，自分の成果と課題を意識し，その後に続く言語活動の改善につながる。

3．各領域における形成的評価

（1）表現領域における形成的評価

　「話すこと・聞くこと」および「書くこと」という表現領域における形成的評価は，大きくは2つの段階が想定される。1つは，目標について知識やスキルを獲得する段階である。例えば，談話や文章の構成を工夫して表現することを目標とする場合，モデルとなるスピーチ原稿の例や文章例を用いて，談話や文章における表現の仕組みを理解する段階が設定される。そこでの形成的評価は，ある程度明確な基準による評価となる。

　その後の実際に児童が表現活動を行う際の形成的評価は，はじめに学習した目標に照らしたものとなるが，必ずしも教師が全て個別に行うことができるわけではないため，学習者同士の相互評価が有効となる。その場合も，目

標を意識させ，それに沿って評価を行わせることが重要となる。

（2）理解領域における形成的評価

理解領域の「読むこと」の単元は，単元導入時に次のような学習活動からはじめられることが多い。

題名読み　　初読の感想　　問いづくり

これらは，主に診断的評価の機能を果たすものと考えられるが，目標や取り組む学習課題の設定という点で，その後に行われる学習活動とも連続するため，形成的評価を行ううえでも意識しておく必要がある。

読むことの学習の展開部分では，教師の問いやワークシートに示された学習課題を中心に授業が展開される。形成的評価は，そうした授業の中で，次のような教師と学習者の行為を通して行われる。

・学習者の反応や言語活動に対する教師のことばかけ
・学級全体もしくは小グループでの意見交流や話し合い

（3）中長期的な形成的評価としてのポートフォリオ評価

こうした学習過程を記録し，言語活動の成果物をファイルに蓄積しながら，学習者が学習を振り返り，自己評価や相互評価を行うことをポートフォリオ評価と言うが，これは中長期的な形成的評価の1つの方法である。

参考文献

田中耕治（2021）『よくわかる教育評価』第3版，ミネルヴァ書房.

ウィギンズ＆マクタイ（西岡加名恵訳）（2012）『理解をもたらすカリキュラム設計』日本標準.

宮本浩子・西岡加名恵・世羅博昭（2004）『総合と教科の確かな学力を育むポートフォリオ評価法実践編』日本標準.

（間瀬茂夫）

‖ Q4　国語科における総括的評価とはどういうものか

1．総括的評価の変遷

　総括的評価は，一定期間の学習の終末時に行われる評価である。例えば，単元末に，目標とする学力が定着しているか，年度末にカリキュラムの内容をどの程度満たせたかを確認するために行われる。また，評定や入学選抜に利用されるハイ・ステイクスな評価でもある。ここから，我々は総括的評価として，単元末の読解テストや聞き取りテストや全国学力・学習状況調査などの大規模調査等を想起するかもしれないが，これらは総括的評価の一部であることに注意したい。

　初期の教育評価を巡る議論では，教師にとっての評価が総括的評価に限られており，学習者を「値踏み」する側面や，基礎的な学力のみを評価する点が批判された。1970年代，総括的評価を，教師が指導を反省するための評価と捉え，高次の学力を問う課題設計を行うことが訴えられた。一方，このとき脚光を浴びたのが，指導中の評価によって学習指導を調整する形成的評価である。

　1990年代になると，高次の学力を問う役割を総括的評価に固定化して捉える傾向や，指導中の評価は全て形成的評価と捉えるといった形骸化が課題となる。そこで，学習者の学びに資する形成的評価の役割を強調する「学習のための評価」（Assessment for Learning）が提唱された。一方，総括的評価は「学習の評価」（Assessment of Learning）と呼ばれ，学業の判断材料として用いる評価と限定し，より客観的な評価方法の模索が課題となった。

　以上より，総括的評価は教室では評定と捉える傾向にある。しかしながら，評定の材料は標準テストだけではないし，学習指導では形成的評価の観点を踏まえた評価をデザインする必要がある。そこで，以降では教室における総括的評価の在り方を考えていきたい。

２．学習指導における総括的評価の在り方

（１）評価から授業を構想する

　総括的評価の意義の１つは，単元終末時の学習の成果を具体化し，学習指導の設計に活用できることである。とはいえ，客観性にとらわれるあまり「読むこと」の単元では，画一的に読解テストを設定するなど，標準テストに固執することで，学びの過程や成果と評価が乖離することは避けたい。ここで教師が懸念するのは，総括的評価に関する妥当性と信頼性の問題であろう。これについて，第４章Ｑ１で紹介されるようなパフォーマンス評価は，現実的な課題で発揮される学力を求める「真正性」や，主に教師同士の協議によって作成されたルーブリックによって，妥当性や一定の信頼性を担保できるとされている。そのため，各単元において，学習者に求める学力を検討し，パフォーマンス評価を設計することは，総括的評価の要件を満たすと捉えてよいだろう。このとき，学力の要素として，パフォーマンスに伴う情意を検討することも忘れないようにしたい。学習の見通しを持つことや，パフォーマンスの修正点を考えることなど，高次のパフォーマンスに伴うとされるメタ認知や思考の習慣が主な評価の対象となる。

　以上のように総括的評価を具体化すると，次に授業の目標を達成するために必要となる形成的評価の重点も浮かび上がる。話すことの指導でスピーチ大会をパフォーマンスとするとき，学習者が現時点の到達度と課題を捉えるためにリハーサルを設定することが挙げられる。例えばリハーサルを録画し，それを再生しながら小集団で検討することで，期待する姿とのギャップを自覚し，改善する機会を設けるのである。総括的評価という青写真を実現するためのチェックポイントとして，重点的な形成的評価の時期や方法を考えることができる。これは，形成的評価を形骸化させないためにも重要である。

（２）評価を学習者と共有する方法を探る

　実際の学習指導が形成的評価に支えられながら，最終的なパフォーマンスへと到達するとき，学びの内実は，期待した成果やルーブリックに収まらな

い場合がある。このような学習の履歴をどのように扱えばいいだろうか。

　ここでは，まず単元の終末時に行われる形成的評価として捉えることで，学びの成果に関する教師と学習者の振り返りの場として機能させたい。そうすることで，教師は予想外の学びや成果についても学習者と積極的に共有できるだろう。また，単元構想時のルーブリックは，学習の到達度の予想であり，固定的な枠組みと捉える必要はない。そのため，評定としてのルーブリックにも更新・拡張の余地はある。

　一方で，振り返りは学習者を主体とした評価の場でもある。例えば，リハーサルによって目指すパフォーマンスとのギャップを自覚し，本番でそれを克服できたとき，どんな方法や見方が有効であったかを共有するなど，学びの成果を意味付けるのである。自律的な言葉の学び手の育成には，学習者も評価について学び，自己評価や相互評価のための視点を内在化させることが期待される。これは「学習としての評価」（Assessment as Learning）の機会でもある。そのために，教師はルーブリックを学習者と共有できるように努める必要がある。これらは，メタ認知や思考の習慣として評価されるものである。しかし，振り返りが形骸化し，教師や学習者の負担が過度になることは避けるべきであり，この点の研究が求められる。

（3）まとめ

　総括的評価は「学習の評価」とされるが，教室においては，学習指導や形成的評価との建設的な関係を築く方法を探っていく必要がある。また，本節では詳述できなかったが，評定について，学習者や保護者の理解を得るための方法や取り組みについても明らかにしていく必要がある。

参考文献

石井英真・鈴木秀幸（2021）『ヤマ場をおさえる学習評価　小学校』図書文化社.

Peter Afflerbach（2017），*Understanding and Using Reading Assessment, K-12 3rd edition*, ASCD and the International Literacy Association.

（村井隆人）

第5章

国語科に固有な「見方・考え方」

Q1 小学校国語科に固有な「見方・考え方」とは どのようなものか

1．21世紀型学力観としての「汎用的学力」

　それぞれの教科の固有性は，人類の文明を支えてきた独立した領域として，問うまでもない自明の観念であったはずである。それなのに今，教科固有の「見方・考え方」が問われているのはなぜか。21世紀型学力観とは，教育内容を決定するヘゲモニーを根幹から変更する目論みの1つである。各教科の固有の領域を超えて，汎用的にはたらく資質能力をこそ，教育課程のコアに置き，そこに回収しにくい「枝葉」の諸技能を，各教科の固有の技芸として位置付けるこの学力観のパラダイムシフトの背景にある，社会・産業構造の変化について，まず探ってほしい（例えば，松下，2011）。

2．言語は「汎用的学力のコア」である

　知識基盤社会，そして21世紀型学力の基本的テーゼは，「言語による社会参加」である。国語教育は，さまざまな社会的問題解決過程を支える重要な役割を担うことになる。「世界を探求」（深い学び）し，「自己を省察」（主体的な学び）し，「協働」（対話的な学び）する，全ての学びを支える「言語という道具」を保障する役割を以て，国語科は，今日のカリキュラムに，その位置を占めることを許されることになる。しかしそれゆえ国語科は，学習を支える「言語」の習得という基盤学力以外に，その固有性を見いだしにくくなるというジレンマを抱えることになる。

3．国語学習と他教科の学習との関係

　カリキュラムマネージメントの議論の中で，「算数の文章題は，読解力の課題である」というトピックがある。果たしてそれは正しいテーゼか。算数の文章題に取り組むというのは，たとえば「太郎君が持っている6個のリン

ゴを，道で出会った花子さんと健治君と平等に分ける」ことを語るテクストが，数学的問題解決課題としての「６÷３」であることを見抜く力である。言わば，語られた事態を，数学的な問題として「脱文脈化」する力だと言ってよい。ところが国語学習は，これとは全く逆の方向に，つまり徹底した「文脈化」を志向する推論を鍛える場である。太郎君はなぜ6つものリンゴをもっているのか。そもそもどんな場所に，どのように暮らしている，どんな課題を抱えた子どもなのか。物語に登場する人物はすべて，その命の存在する意味，必然，文脈を背負っている。言語，そしてテクストとは，私たちの存在を象り，その存在の意味を問い，意味を実際に与え，その存在を価値付けるための「生存戦略」である。太郎が，花子と健治と路上で出会うという「事件」。彼は花子をどう思い，彼女と連れ添っている健治のことをどう見たのか。そこに生まれた複雑な心理。なおその上で，彼は「等分」して，２つずつのリンゴを手渡すのだが，それは，どのような葛藤を経て生み出された判断なのだろうか。こうした徹底した「文脈化」を遂行するために，テクストに描かれた人物（命）への同化と異化を戦略的に繰り返すことこそ，主に物語テクストの読みを通して錬成する学力なのである。

　一方説明的文章テクストはどうだろう。社会科のテキストに，「みかんの生産量第１位は和歌山県です。それに，愛媛県（第２位），静岡県（第３位）と続きます。一方，りんごの生産量は，第３位の岩手県，第２位の長野県，第１位青森県の順で多くなっています。」と語られていたとする。社会科学習が，提示されたデータを「事実」として受け止め，そこから産業構造やそれを支える地理学的特質について発見することを目指すとする。ところが国語学習においては，そこに語られているデータが「事実」であるかどうかは，実は大した問題ではない。国語学習における説明的文章テクストが意味をなすのは，それが「人間の（説明という）営み」というレベルにおいてである。テクストをそのように構成し，語りなした主体としての筆者は，なぜ，りんごの話題より先にみかんを提示したのか，そしてそれぞれの第３位までの生産高の都道府県の提示の仕方を異なった様式で行ったのかを問題にする。子どもたちは，説得行為を遂行する筆者と対峙する「もう１人の筆

者」として，その言語表現そのものを見つめる。つまり，その言語行為の「文脈」へと読者の意識を誘うことこそが，国語学習なのである。

4．そもそも言語は便利な道具なのだろうか

　教科横断的な視点で期待される「言葉の力」は，さまざまな学びのシーンを駆動するために活用される「便利な道具」である。しかし，国語の教師たちは，「言葉」を，使い方を学べば，自由自在に探求者として飛び立つことが出来る便利グッズだとは思っていない。池上嘉彦が喝破したように，私たちは，言語という便利な道具の使用を余儀なくされることで，その言語が表現しうる範囲に，私たち自身の認識を縛り付けられた存在である。詩人や作家といった天才たちが，自分を縛りつけるその言語を駆使して脱獄を試みることを，私たちは「詩」と呼び「文学」と呼ぶのである。自分自身が行使する，便利でもあり，不便でもある言語のあり方について考えるという営みこそが，国語学習の「固有性」なのである。

5．暫定的な回答：「小学校国語科に固有な『見方・考え方』」とは何か

　国語科に固有な「見方・考え方」とは，徹底的な「文脈化」を通して，語られた人間の生の営みを具体的に表象することである。また，そうした人間を語る語り手の「言語を駆使した人間の営み」を，「もう1人の表現者」として見つめることである。言葉表現の，その表現のされ方に立ち止まり，その表現の構造を分析し，味わうこと。それこそが，言語を使うことで言語に使われ，支配されている私たちを自覚し，そうした言語と対峙する機会を与え続けることになる。そしてそれは，国語学習を通してしか実現しないのである。

参考文献

池上嘉彦（1984）『記号論への招待』岩波書店.

松下佳代（2011）「〈新しい能力〉による教育の変容：DeSeCo キー・コンピテンシーと PISA リテラシーの検討」『日本労働研究雑誌』614, pp.39-49.

（住田　勝）

第6章

国語科の学習上の困難点

Q1　話すこと・聞くことを学ぶ難しさとは

　言語活動領域の中でも，読むことと書くことは，文字言語を媒介とする活動であるのに対して，話すこと・聞くことは，音声言語を媒介とする活動である。自ずからその能力の習得には異なる難しさがある。

1．話すこと・聞くことの特質から

　まず，音声言語であることの特質から考えたい。

　一つには，日常性。生まれてからほぼ日常的に話す聞く言語環境の中にいるということである。それだけに意図的でない生活環境から無意識に学習を始めていることになる。事実，特別な勉強をしなくても話せるようになっている。その結果，できているんだから学ぶ必要がないと思いがちだということである。学び始める家庭においても，核家族化が進行し，それと同時に言語環境の豊さも失われつつある。テレビはもとよりゲームを含めたウェブ情報の垂れ流し状態も人と接して学ぶ機会を減少させているし，経験自体が偏りをもってきている。そういう環境で，相手や目的に応じた話す聞く力を学ぶこと，またその必要性を自覚することは容易なことではない。

　二つには，音声言語ゆえに時間的線条性と一回的発現性を有しているということである。機材を介在させない限り，現在進行形で時間軸に沿って発信され，受信されるので，先取りや後戻りができないということを時間的線条性と表している。また，その場の環境と状況の中で一回限りの言語活動ということを一回的発現性と表している。だから油断するとすぐに通じなくなるし，修正が効かない。文字言語であれば，表現を対象化して検討することができるが，音声言語は，機材を介してしか対象化することができない。スピーチや音読・群読などが指導されてきたのは，これらが，作成された原稿や脚本段階の文字言語を対象として指導ができたからということもできる。話し合いの場合，シナリオを演じるわけではないので，対象化が難しい。

　三つには，対面的直接性と言語情報以外の情報への依存性ということである。機材を介在させない限り，相手と対面して行う言語活動ということを対面的直接性と言い，言葉の意味のやり取りだけが対象になるのではなく，その場を構成している多くの物事が影響するということで言語情報以外の情報への依存性と示した。影響を与えるものに，例えば，場所，時刻，人物，姿勢や声，動作などがある。同じ言葉を発しても伝わることは大きく変わりうるという難しさをもっている。多様な情報を総合して理解し，タイムリーに表現していくことは簡単なことではない。

　以上のように，話すこと・聞くことの特質が学ぶことを難しくしている。

２．話すこと・聞くことの学習内容の側面から

　他方，学習内容の側面から考えると，話すこと・聞くことの学習内容には，独話系（スピーチやプレゼンテーションなど）と話し合い系（対話，問答，会話，討議など）の２つがある。対話を基礎とする話し合い系に関する学習は古くから重視されてきているが，成果を確かにするところまでは至っていない。話し合いをしている当人たちがどのように話し合っているかを冷静に把握することが難しいからである。指導者が観察するにしても，同時に複数のグループの話し合いが進行していては全体の観察はできない。近年，動画の録画再生が手軽にできるようになったので，それを活用するということが考えられるが，まずは，自分たちの実態を知るために，お互いに観察することが学習の一部だと教師も学習者も認識することである。

　合意形成を目的としている話し合いの場合で考えると，うまく合意形成できるのはどういう時か。十分に課題に関する検討がなされ，賛否両論の検討のうえに，共有する目的に照らして合意するのが理想だが，そうなることは極めて稀だ。むしろ，学級の場合で言えば，発言力のある学習者を頼る形で合意が図られたり，逆に，理屈ではなく人物に反感をもって合意できなかったり，教師の意向を忖度したりすることは少なくない。

　それは，一つには，話し合いの目的が我が事として共有できていないことに問題がある。もう一つは，合意形成のための話し合いが，多かれ少なか

れ，自己否定を伴う活動だからだ。

　目的意識の共有は，大村はまが「実の場」を重視したように，何のために話し合いをしているのかを学習者が自覚できるように，学習過程を工夫することで可能になる。新学習指導要領で重視されている「社会に開かれた教育課程」を実現することにも重なる。授業場面が実の場になるような学習過程の工夫によって，改善することができよう。

　一方，自己否定を伴うということを実感する学習経験を組織することは容易ではない。小学校においては，中学年で漸く自他の見解の相違を意識できるようになり，高学年において探究的に話を進めていくことができるようになればよいのだが，小学校の間は，他者とぶつかり合いながらなんとか関係を築いていく段階であり，部分的でも自分が否定されることを受け入れることがなかなかできない。対話に典型的に現れるように，考えが全くは一緒でないから話し合うことに価値があり，自分一人で考えただけでは気づけなかったことを見いだせるところに話し合う価値がある。そのことに気づき，自己否定を乗り越えて相手の考えに対する納得の過程を経験できるようにしたい。相手の主張を根拠や理由付けに目を向けて捉えることで納得もしやすくなるし，自分の主張自体の理解も深まる。そのことが，言語の機能の認識・思考の力を高めていくことにもなる。

参考文献
位藤紀美子監修（2014）『言語コミュニケーション能力を育てる ― 発達調査をふまえた国語教育実践の開発』世界思想社.

（田中智生）

Q2　話すこと・聞くことの力を育てる難しさとは何か

話すこと・聞くことの指導の難しさは以下のような点にある。

（1）話す・聞く姿は捉えにくい

話す活動や話し合い活動は文字と違ってその場で消え，形に残らないので捉えにくい。ましてや聞く行為の内面は見えないため，いくら児童の聞く姿を観察しても，どのように聞いているのか推察するしかないもどかしさがある。また，一斉授業の場合，黒板の前で教師が教室全体を見渡す形態をとっている限り，話している児童は別として，聞いている一人ひとりの状態を見取ることには限界がある。

困難克服への手がかり

① ICTを活用して児童の実態を可視化する。タブレットで話し合いを録画し，その場で投影することもできるだろう。小グループで話し合いをするときに模造紙に話し合いの地図を書きながら話し合わせることも有効である。話し合いの地図とは，模造紙の中央に話し合いのテーマを書き，それに関する自分の考えを各自が書き込み，それをお互いに見ながら意見を交換したり発展させたりし，メモ書きで書き足して広げていく共同メモスペースである。矢印で意見をつなげてみたり，みんなが納得した意見を二重丸で囲んだりしながら多様な意見が地図のように書き広げられていくもので，これがあれば教師がグループに入るときに，話し合いの経過や内容を一目で見取ることができ，適確なアドバイスも可能になる。

② 聞く行為は相手の話を聞いた後の聞き手の発言によって見取ることができる。例えば，「納得！」「もうちょっと説明してくれる？」「今の意見を聞いて思いついたんだけど…」「それはこういうこと？」「自分だったら…」「じゃあこうすればどう？」などの発言である。これらの発言が現れるということは，次のような聞き方をしていることを示している。相手の考えを共感的に理解しようと聞いている。相手の発言の意図や背景を聞こうとしている。

自分と比べながら聞いている。意見の妥協点や新しい考えを生み出そうとして聞いている。これらの発言を手がかりにすれば児童がどんな意識で相手の発言を聞いているかを判断することができよう。逆にいえばこれらの発言を教師が率先して使いながら児童の発言を聞くことによって，望ましい聞き方の示範を示し，それを通して体験的に理解させることができよう。

③話し合う活動のサイズを小さくして児童一人ひとりの発言を観察したり，教師が黒板の前から退き，児童のやりとりを中心に展開する学習を後ろや側面から見守る授業スタイルも有効である。そうすることで，児童を観察し，その表情から思いを汲み取る余裕が教師に生まれるからである。

（2）話す・聞くの力の特性からくる難しさ

①当該領域の能力は，対人的な活動において発揮されるものであるため，個人内に閉じた力として指導するだけでは対応できない。

②当該領域の力は社会的能力であるため，学級という小さな社会であるが，そこで学び生活する児童集団全体に働きかけて育てていく視点が必要である。

困難克服への手がかり

対人間の相互作用に目を向け，そこで生まれるよい現象こそが指導すべきものだと考えよう。ひとりでは思いつかなかったことが話し合うことで気付いたというような，聞き話すことの生産性を体得させることこそが児童に習得させたいことなのである。チームで知恵を合わせて問題探究・問題解決したり，アイデアを創出したりする力を育てる意識で当該領域の指導に臨みたい。

また，聞き合い考えを出しあっていこう，それが勉強というものだという価値観を学級の中に育み，共有していくことで，話す・聞く・話し合う活動が本物になる。集団に生まれた仲間意識，帰属感，発言を否定されない支持的雰囲気。これらの形成が学習を進める上での土台をつくる。そのためにお互いのよさを発見し，認め合う関係を作りたい。まず教師が話し手のよさを発見する受容的な聞き方を示範するのがよいだろう。そうすれば児童の中にそのような聞き方をするものが現れてくる。そういう関係が教室に居心地のよさをもたらす。その土壌の中で，教室に，話すこと・聞くことに関する望ましいグラウンドルールを築きあげていくのである。それも児童の中から現れ

た望ましい姿からボトムアップで。このような指導を通して対人的社会的な能力である話すこと・聞くことの能力は育っていくのではなかろうか。

（3）指導内容の曖昧さがもたらす難しさ

①当該領域の指導内容が漠然としており捉えにくい。そのため児童の成長を見取る指標が立てにくく，従って評価が難しい。

　この難点に関して，様々な評価項目の試案が見られるが，児童の姿を見取る評価指標の例を1つ挙げておこう（参考文献参照のこと）。

指標1：協同性（場に参加している。人の話に反応を返している）。

指標2：自己表出（話題について自分の意見を伝えようとしている）。

指標3：他者受容（わかろうとして聞いている。友達の意見が通らなくても納得したら譲ることができる）。

指標4：話題や状況についてのメタ認知（話題に沿って考えを作っている。話し合い途中で意見を整理することができる）。

（4）教師にビジョンをもった即興的指導が求められること

　児童の話したり聞いたり話し合ったりしている姿を見て，今何が指導できるかをその場で判断する力が教師には必要である。というのも，この領域の指導は，あらかじめ計画した指導内容を教えていくことの他に，教えるべき内容はその場で話している児童の現状の中に立ち現れてくるからである。

　教師が児童の話す聞く話し合う姿としてどのようなものを理想とするのか，そのビジョンをもって児童の話す聞く姿を観察し，ここぞという場面で即興的に指導を挟み込んでいく判断力が教師に要求される。そのような理想と指導観が自分にあるか。この困難点の克服は，教師に自己省察と変革を求めるものでもあるが，それは自分の中に指導にあたって核となる信念をもつことにもなり，やりがいのあるところでもあろう。

参考文献

山元悦子（2016）『発達モデルに依拠した言語コミュニケーション能力育成のための実践開発と評価』渓水社.

（山元悦子）

Q3 話すこと・聞くことの授業づくりの難しさとは どういうものか

1．アタマの中の指導をどうするか

（1）何を指導しなければならないか

　話すこと・聞くことという音声言語についての指導も，読む・書くという文字言語についての指導も実は同じである。重要なことは，「どのように」話し，聞き，読み，書きを行うのかというアタマの中，認知的側面についての指導が行われなければならないということである。「聞きなさい」「考えなさい」と言った指示をして終わるのではなく，情報相互をどのように関連付けるのかといった思考の仕方の具体を子どもの言葉で示すということが必要なのである。

　また，話すことに対しても，話すための内容の掘り起こしや他者の考えを聞くときの視点の提示などを教師は行う必要がある。その具体については，例えば大村はまの「学習の手びき」の発想を活用するとよいのではないだろうか。どのようなことに目を向け，どのように考えるのか，それが自然な子どもの言葉で示してある（もちろん，学年が上がればキーワードだけになるなど，状況によって変化しているが）。

　ただし，「話型」を提示することについては慎重でありたい。「話型」は思考の仕方も示すし，他者への配慮も含めて発言の仕方そのものを示すので，「あのように話すのか」ということがわかり，子どもに安心感を与えることができる。しかしその問題は，固定化することである。大村の場合は，複数のパターンが示されるが，汎化されるものを含みながらも非常に具体的で固有である。

（2）段階的な指導をすること

　話すこと・聞くことは瞬間的に行われることから，その現状が捉えにくく，読む・書くに比して「どのように」ということに対する指導は困難とされる。

ゆえに前項でも述べたように話す前にどのようなことをどのように考えるのか，聞いているときにはどのようなことをどのように考えるのかについて可視化した教材の作成が必要である。

しかしそれだけではなく，複数の複雑な情報処理を分節化したうえで，そこに至るまでに必要な情報処理，知的操作やそれに必要な知識を段階的に学習するように設計する必要がある。例えば情報を分類整理する前に共通点と相違点を見いだすことの学習をする，話の構成を捉えるために，目印になるメタ言語を学習する，把持した複数情報と新たな情報を照合させる際にその過程を丁寧に辿りながら繰り返し練習すること等である。時にはゲーム的な要素も取り入れ，楽しみながら学習する工夫も考えたい。

2．学級文化の醸成

話す・話しあう，尋ねるということは，他者のいる中で行われることが多く即応の対応も求められることから，どのように言えばよいかわからない，すぐに思いつかない，後で何か言われるのではないか等により，苦手意識をもつ場合も多い。わかっていても言わないこともあるだろう。

そうした子どもの状況を踏まえ，個々がもつ課題に対応する個別的対応については，それらが個性化につながるものとなるように工夫することや，学習課題の追究過程で，せざるを得ない学習を散りばめた学習設計をするなどの工夫によって，子どもの授業観の変容につながるような取り組みや，子どもと教師が協働して学習を構築する「共同エージェンシー」の実践を粘り強く積み上げることが求められる。そのためには，日常的な教師の対応を考えなければならない。

こうした学級文化の醸成は一朝一夕にはいかない。子どもの中に形成されてしまった授業や発言への思い込みは強固である場合も多い。焦ることなく，子どもと対話し，理念を共有しながら育てていく必要があろう。その文化の中で育った子どもの感覚は，民主主義の担い手としてのありようにつながるのではないかと思う。

3．評価をどうするのか

　話す・聞くことの評価については，個々の音声言語を対象としてできたかどうかを測定するには時間がかかることから敬遠されがちという事情もある。これに対しては，できることとわかることは異なると考え，実際にできたかどうかではなく，どのように思考したらよいのか，どのように対応するべきかということを具体場面から選択させる，記述させるという方法で，その子どもの状況は捉えることができる。「できなければならない」というのは，教師側の思い込みである。実際には教室内の様々な要因によって「できない」「しない」けれども，何をどうするかわかっている場合もある。わかること，知識のあること，できることは分けて考えるべきではないだろうか。

　評価については，こうした評価の仕方を考えることだけではなく，本田由紀（2020）の指摘にもあるように，そもそも何をなぜ評価するのか，他者が定めたゴールに到達したかどうかを確かめる評価というスタイルでよいのかという問題を考えるべきである。これは，自己評価についても同様で，他者から示されたものに対して単に到達状況を判断するだけでは十分ではない。

　メタ認知力の育成とも関わるが，その個々が自分に必要な学習を選択していける評価へと転換する必要がある。

参考文献

本田由紀（2020）『教育は何を評価してきたか』岩波書店.

若木常佳（2011）『話す・聞く能力育成に関する国語科学習指導の研究』風間書房.

若木常佳・北川尊士（2012）「話し合うことの情意的側面に対する指導の実際 ── 小学校高学年における一次的意欲に機能する環境整備」『福岡教育大学紀要』61，pp.127-134.

若木常佳（2016）『大村はまの「学習の手びき」についての研究 ── 授業における個性化と個別化の実現』風間書房.

（若木常佳）

Q4　書くことの授業づくりの難しさとはどういうものか

　「書くこと」の授業づくりの難しさについて理解するために，授業を成立させる要素（教材，児童，指導者）という観点から考えてみたい。

1．文種による難しさ

　浜本純逸（2011）は，小学校における文種を次の3つに大別している。①再現的文章（生活文），②論理的文章，③文学的文章。再現的文章とは聞きなれない言葉かもしれないが，これは生活文や日記，記録文などを指している。浜本はこれらの文種の割合について，小学校低学年では再現的文章を多めに，中学年，高学年と進むにつれて，論理的文章，文学的文章の割合を増やしていくのが望ましいとしている。内田信子（1990）も「物語る」ことの初期の段階では，生活の一部を再現することから始まるのではないか，と述べている。つまり，各文種間においては基礎と応用の関係性が見られるとともに，児童の学習や発達の段階とも大いに関連があると言える。

　また，文種は分けていけばさらに細かく分類できるが，文種によっては指導者自身が書いた経験がなかったり，指導に不慣れであったりするのも事実である。特に物語文や随筆は，学習指導要領に登場したのが（戦後すぐのものを除けば）平成20（2008）年と新しく，指導方法の知見もまだ十分共有されていない文種であると言えるだろう。

2．児童の「書くこと」に関わる悩み

　森田信義（1989）によると「書けない」児童の状態には3つあるという。(1) 医学，心理学的な問題に起因するもの，(2) 文章表現の基本的な能力はもちながらも文章表現活動の意欲を欠いているもの，(3) 文章表現をしていても，学習指導の目標に照らして成績が不振であると言わざるをえないもの，である。(1) は専門家の支援を仰ぐ必要があるが，(2) (3) は指導者の

適切な指導によって状況が改善され，「書くこと」の力が育成されるべきものである。

　三藤恭弘（2006）は小学校5年生158人を対象に作文の意識調査をおこない，「作文が好きではない。」と答えた児童にその理由を尋ねている。その回答を上位から7例取り上げると，(1)「何を書いていいのかわからない。」，(2)「作文を人に読まれたくない。」，(3)「書くことの中心がみつからない。」，(4)「作文の組み立てを考える時，どういう順序で書けばいいのかわからない。」，(5)「書くのがめんどくさい。」，(6)「思っていることを表すことばがみつからないことが多い。」，(7)「作文の組み立てを考える時，くりかえしが多くなる。」，「推こうの時，読みなおしてもどこがわるいのかわからない。」であった。これらは児童の「書くこと」に関わる切実な悩みを述べている。指導者はもてる指導力を十二分に発揮し，これらの声に応えて「書けるようになった。」「書くことが楽しくなった。」という実感を児童に育むことが求められる。だが，その指導方法についての知識が指導者側に不足気味である感は否めない。

3．「書くこと」指導の構造上の困難

　指導者の「書くこと」指導に関わる難しさを示す資料として，三藤恭弘（2015）の調査がある。文種は「物語文」に限った調査であるが，指導者の悩みを理解するものとして興味深い資料である。本資料によると指導者の創作指導に関する悩みの上位5つは，(1)指導方法全般に関して，(2)個への手立てに関して，(3)指導時間に関して，(4)構成や記述に関して，(5)発想や着想に関して，カリキュラムに関して，というものであった。

　「書くこと」の授業は，共通の文章を全員で読み取っていくいわゆる一斉指導のスタイルが可能な「読むこと」の授業と違い，それぞれの児童が個々の文章を生み出していく授業となる。つまり授業構造として拡散的，個別的な授業形態に進んでいく。その拡散性，個別性が多くの指導者を悩ませるのは，明治の頃から今に続く悩みでもある。クラスに35人の児童がいて35人がそれぞれの力量とペースで個別の文章を書き始める。四方八方に向かって

歩き出した児童を一人の指導者が指導するというのは，少し想像しただけでも大変だということが理解できるだろう。もっともこの個別的活動の間にいかに効果的な一斉指導を図るかということが重要でもあるのだが，いずれにしても「書くこと」の授業づくりは，まず，このような構造的な困難を抱えているということを理解しておく必要がある。

　次に，１．２．のところでも述べたが，全般的に指導に関する方法知が指導者に不足気味である。児童の「書くこと」の手順は学習指導要領（指導事項）にも示されるように大きく括れば共通の段階を経るものであるが，文種によってその指導方法の細部は異なってくる。例えば詩と説明文を同じ指導で進めるというわけにはいかない。本稿を読んでいる読者には２．でも見てきた児童の切実な悩みに応える自信があるだろうか。多くの教科を指導しなければならない小学校教員は大変であるが，物理的にも時間的にも厳しい対応が迫られる「書くこと」の授業であればこそ，指導方法に関して効果的な多くの引き出しをもっておくことが求められる。35人の児童をそれぞれ自立した筆者・作者に育てる知識と力量がなければ，指導者は常に35人の間を走り回り，35人分の原稿を児童の代わりに推敲し，児童よりも先に疲労困憊してしまう。児童は児童で朱入れされ真っ赤になって返却された原稿用紙にげっそりとして，両者ともに「『書くこと』の授業はもういいよ」という状況に陥ってしまう可能性は実はとても高いのである。

参考文献

内田信子（1990）『子どもの文章 ── 書くこと考えること』東京大学出版会.

浜本純逸（2011）『国語科教育総論』渓水社.

三藤恭弘（2015）「『物語の創作』学習指導における推論的思考力の育成　──『事件－解決』の推論枠組みを用いたストーリーの構築指導を通して」『国語科教育』全国大学国語教育学会, pp.62-69.

森田信義（1989）『表現教育の研究』渓水社.

（三藤恭弘）

Q5　書くことを学ぶ難しさとは何か

1.「書くこと」の学習過程に対する認識

　「書くこと」の学習過程は，記述前，記述中，記述後の3段階に分けて捉えることができ，それぞれの段階でどのような能力を身に付けるべきかを押さえながら，「書くこと」の学習の難しさを考えていく。

（1）記述前の段階

　記述前の段階とは，文章を書きだす前の段階のことであり，取材をしたり構想や構成を練ったりする活動が行われる。平成29年版の小学校学習指導要領では，この学習過程を「題材の選定」「情報の収集」「内容の検討」「構成の検討」と呼んでいる。

　この段階での難しさはさまざま考えられるが，最も難しいことの1つに書くことが思い浮かばない児童への対処がある。そのような児童には，書きたいことが思いつくような環境を整えることが必要となる。行事作文を書く場合には，その行事を振り返らせ，印象に残っていることを思い出させたり，感じたことを言わせてみたりすることを通して，行事について書くことに対する興味，関心を喚起することが求められる。また，説明文を書く場合には，説明する題材を見つけられるように図鑑などの図書を多数準備するなどの，興味，関心を喚起する工夫が必要となる。

　また，構成の検討について，平成29年版小学校学習指導要領では，中学年において「内容のまとまりで段落をつくったり，段落相互の関係に注意」したりして構成を考えることが求められており，段落についての理解が前提とされている。段落の学習は「読むこと」でも行われることから，「書くこと」と「読むこと」の学習を関連させて行うことも重要となる。

（2）記述中の段階

　この段階は，文章を書く活動が中心となる。平成29年版小学校学習指導要領ではこの学習過程は「考えの形成」「記述」と呼ばれ，低学年では「語

と語や文と文との続き方」，中学年では「理由や事例との関係」，高学年では「目的や意図」に加えて，「事実と感想，意見」を区別すること，「引用」「図表やグラフ」などを用いることが指摘されている。

　これらは一見すると，低学年の「語と語や文と文との続き方」，高学年の「引用」「図表やグラフ」などを用いることが表現力，それ以外のことが思考力と関わりが強いように見えるかもしれない。しかしながら，「理由や事例との関係」を読み手に正確に伝えるには，それを具体的にどのように表現するかが重要であることは言うまでもない。書き手が頭の中で理解していることを，読み手に正しく伝えるためには，それに応じた表現力が不可欠となるのである。したがって，教師は「理由や事例との関係」を正確に伝える言い方，「目的や意図」に応じた言い方，「事実と感想，意見」を区別する言い方として，具体的にどのような言い方があるかを考え，うまく書けない児童に対して例をいくつか示せるように準備しておくことも必要となる。状況に応じて適切な表現を選択する能力の育成には，このようなきめ細かい指導が求められる。

　そのほか，書き出しの指導も重要となる。読み手の興味を惹きつける魅力ある書き出しを工夫するためには，豊富で質の高い語彙力や鋭い言語感覚など，国語科の「知識・技能」の資質・能力の育成も不可欠となる。「書くこと」の学習においても「思考力，判断力，表現力等」の資質・能力と，「知識・技能」の資質・能力を関連させながら育成していくことが求められる。

（3）記述後の段階

　この段階の主な活動は推敲である。平成29年版小学校学習指導要領では，この学習過程を「推敲」「共有」と呼んでいる。「推敲」の難しさは，推敲の観点を適切に与えることにある。平成29年版小学校学習指導要領の「推敲」の指導事項を見ると低学年は「間違いを正したり，語と語や文と文の続き方」，中学年は「相手や目的を意識した表現になっているか」を確かめること，高学年では「文章全体の構成や書き表し方」に着目して文章を整えることなどが，推敲の観点として示されているようにも見える。

　しかし，低学年で「間違いを正す」には児童自身が間違いを見つけられる

よう，中学年では「相手や目的を意識した表現」とは何かを児童自身が理解できるよう，高学年では「全体の構成や書き表し方」を見て児童自身が表現を整えるべき個所を見つけ適切に整えられるよう，指導しなければならない。学習指導要領に示された観点に頼るだけではなく，文章のどこに着眼しどのように修正すべきかを，適切に判断する能力をきめ細かく育成する必要がある。

（4）学習過程を柔軟に捉えることの重要性

　学習過程に注目して「書くこと」の学習の難しさについて考えてきたが，『小学校学習指導要領（平成29年告示）解説　国語編』は，学習過程について「指導の順序性を示すものではない」ことを明記している。これは，記述前の段階で身に付けるべき能力を育成してからでないと，記述中の段階の学習にうつることができないということではないことを述べたものである。倉澤栄吉は「書くこと」の学習について「別に取材，構想，叙述，推敲という四つの段階を通らなくてもよい場合だってある」（倉澤，1979，p.23）と述べ「想の展開」を提唱し，「書くこと」の学習過程を柔軟に捉えるべきことを指摘している。

　書く行為はいわば「書くこと」の学習過程が一体となって行われるものであることを意識して，学習過程にとらわれるあまりに児童の日常の生活と乖離した学習に陥らないようにすることも重要である。

参考文献

倉澤栄吉（1979）『作文指導の理論と展開』新光閣書店.

水戸部修司・吉田裕久（2017）『平成29年版小学校新学習指導要領の展開
　　　国語編』明治図書出版.

（山下　直）

Q6　書くことの力を育てる難しさとはどういうものか

1．国語科と日常生活

　初等，中等国語科教育に共通する視点として，書くことをとらえる対立的な2つの考え方から，書くことの力を育てる難しさについて述べる。

（1）書くことのとらえ方

　国語科では書くことについて大きく2つのとらえ方がなされてきた。1つは国語科の領域として書くことをとらえるものである。この場合，書くことは文章構成（はじめ・なか・おわり等），内容（考え，理由等），機能（目的，相手，場面等），種類（記録，報告等）等により，体系的なまとまりとして把握される。もう1つは，日常生活全般の領域においてとらえるものである。この場合，書くことは生活の様々な次元に結びついた総合的な活動として把握される。この2つの視点は教育上の立場の違いにつながり，時には対立を伴った議論が繰り返されてきた。

（2）2つの領域の関係

　前者は国語科としての書くことの力を体系化，系統化してとらえることを可能にする。その反面，個々の児童の具体的な書くことの力の実質が見えにくくなる。後者は他教科や日常生活との連続性を視野に入れ，実生活に即した書くことの力を把握しやすくする。一方で，個別の具体的な書くことに焦点を当てるため，国語科としての書くことの力の把握が困難となってしまう。

　前者と後者は分離できず，いずれかの選択によって書くことの力を把握できるわけではない。書くことの力は，国語科の領域における体系的なまとまりとしての書くことと，日常生活の領域における広がりをもった書くこととの関係において把握される。

（3）指導過程において書く力をとらえる

　書くことの力を育成するために，授業者は2つの領域の関係に基づいて，国語科の書くことの単元の目標と内容が学習者にとってどのようにして学ば

れていくのかという流れを想定し，具体的に学習過程を組み立てていくことになる。「読むこと」では教材文を参照しながら具体的に指導内容を想定できる面がある。それに対して，「書くこと」では学習過程の各段階における指導内容が学習者の側からどのように学ばれていくのかという流れを想定し，指導を行う必要がある。

２．個性化と社会化

初等国語科では，学習者は自身の生活を基盤として，社会に関わりながら書くことを学ぶ。そこでは，個性化と社会化が問題となる。

（1）初等国語科におけるジャンル

初等国語科では，基本的に報告・観察・記録・説明・意見（説明的），手紙・案内（実用的），物語・詩・短歌や俳句など（文学的）のジャンルを通して書くことを学んでいく。ジャンルとは，言語活動の様式であり，主に構造，内容，機能の観点から分類される。各ジャンルの特徴は，言語活動例を精緻化し，単元の目標と内容に沿って指導過程を具体化する助けとなる。

従来，国語科ではジャンルを大きく「社会通達」と「自己表現」に分けてきた。社会通達とは主に報告や意見，手紙などを書くことであり，伝え合いと社会生活への適応に重点を置く。自己表現とは，物語や詩などの書くことであり，物の見方や感じ方，そして個性の開発や伸長を重視する。

（2）２つの方向性の関係

自己表現と社会通達は，個性化と社会化という考え方に連続している。個性化は自発性を尊重し，個性の育成を目指す。一方，社会化は現実の社会への適応，順応をねらいとする。ただし，個性化と社会化は，相互に一体となって書くことの原理を構成する。その原理とは，書くことを他者に向けて自己を開くと同時に他者を通して自己に収斂する作用をもつというものである。個性化（ありのままの自分を出すこと）と社会化（社会に適合し順応すること）は，相反する方向性でありながら表裏一体となって書くことを形作る。書くことの力の育成は，個性化と社会化のどちらか一方の選択ではなく，両者の矛盾を止揚するところに実現される。

（3）自己拡充と自己確立

　個性化と社会化の矛盾をふまえた場合，書き手が外の世界へ自己を開いていくという「自己拡充」と，外の世界への関わりが自己へ収斂するという「自己確立」との間の動的均衡において書くことをとらえることが重要となる。

　この動的均衡は，物語，意見，報告などあらゆるジャンルについて認めることができる。同時に，物語，意見，報告などのジャンルにおいて自己拡充と自己確立，その間の動的均衡の実質には違いがある。書くことの力を育てるためには，各ジャンルの特徴をふまえつつ，動的均衡の連鎖として指導過程を構想し実践することが求められる。

3．書くことの力を育てるための領域

　書くことの力を育てる難しさは，国語科の領域と日常生活，個性化と社会化といった二項の間に，書くことの力の育成のための独自の領域を見いだしながら単元の目標に沿って教材を組み立てるところにある。初等教育では，指導事項に基づいた書く経験を積む中で，学習者が書くことに関連する多種多様な事象や活動に関わって自己を開き，確立していくことが重要である。

参考文献

甲斐雄一郎（1995）「国語科における二つの教育内容」『人文科教育研究』
　　　22, pp.189-196.

甲斐雄一郎（2018）「初等国語科教育の構造と変遷」塚田泰彦他編『初等
　　　国語科教育』ミネルヴァ書房, pp.13-20.

湊吉正（1987）『国語教育新論』明治書院.

宮寺晃夫（2002）『教え（ティーチング）の分析』筑波大学教育哲学研究室.

大内善一（1996）「文章表現教育の向かう道」田近洵一編『国語教育の再
　　　生と創造』教育出版, pp.100-113.

　　　　　　　　　　　　　　　　　　　　　　　　　　　　　（小林一貴）

Q7 児童が文学的文章を読む難しさとはどういうものかを述べなさい

1．認知的側面からみた読むことの難しさ

（1）6つのタイプの読みの困難

　認知的な側面から文学的文章を読む難しさをみるとき，気をつけたいことは，「あの子は『全国学力・学習状況調査』の国語で点数が低かったから読むことに困難を抱えている」など，1つの観点から当該児童の読む力を問わないことである。ヴァレンシアとブリー（Valenica & Buly，2004）は，テストの点数が低いことを風邪の症状になぞらえ，その原因や治療法を詳しく調べることが必要だと主張した。

　彼女らは，州の読みのテストで点数が低かった小学5年生108名を無作為に抽出し，個別に複数の読書検査を行い，当該児童らの読みの困難の内実を詳しく調べた。その結果，(1) 独立した単語の意味，(2) 文脈における単語の意味や文章理解，(3) 読みの速度，以上3つの観点から6タイプの読むことに困難を抱える児童像を特定した。つまり，3項目全てに困難を抱える児童もいたが，中には，独立した単語の意味は素早く正確に解読できるものの，全体として理解ができない児童，独立した単語については当該学年以上に知っており，文章の理解力も当該学年相当の力をもっているにもかかわらず，文章を読む速度が遅いがゆえに，州の読みのテストで低い点数だった児童もいることが明らかになったのである。

　彼女らの研究が示唆することは，文学的文章を読む難しさは1つではなく，それぞれに異なった理由があり，その原因によって別の支援が必要なことである。実際，ヴァレンシアらは，文章理解ができない児童に対しては，考え聞かせや要約など方略の明示的指導を行い，かつゆっくり読むよう指導することを提案した。一方，読むことが遅い児童に対しては，教師や他の児童の後を追って音読させたり，リーダーズ・シアターズ（日本でいう群読に

近い。YouTubeで視聴できる）をやったりすることを提案した。

（2）難し過ぎる文章を読ませている可能性

　先に読むことの難しさは1つではないと述べたが，日本の教育制度，すなわち教科書に収録された文学的文章を読むということに起因する読むことの難しさを述べたい。

　かつて，「川とノリオ」（いぬいとみこ）で国語の指導案を作るのでみて欲しいと教員採用試験受験予定の学生から頼まれたものの，その数日後にやはり算数で作ることにしたと連絡を受けた経験がある。難しくてよくわからなかったから，と。大学生をしてこのような状況であるから，同じ思いを抱いている児童は全国に一定数いるはずである。「川とノリオ」に限らず，教科書に収録されている文学的文章は，昔の戦争を話題にしていたり主人公が漁師の子どもだったりと児童に馴染みのない出来事や共感しにくい登場人物だったりするものもある。「やに」や「こときれる」など，日常生活で使わない単語も使われている。

　これとほぼ同じ問題は，アリントン（Allington, 2002）によって指摘されている。つまり，彼は，チャルの研究も踏まえながら，理科や社会科の教科書が4年生を境に難しくなり，児童の読む力と隔たりが生じていると指摘し，この問題は，全員が同じ教科書を読むという「画一的な」（one-size fits all）アプローチによって生まれている，と言うのである。彼は，このような問題に対して次の3つのことを提案した。1つ目は，100語につき1語か2語しかわからない語がない文章を読ませることである。2つ目は，複数の文章を用意して児童に選択の機会を与えることである。3つ目は，教師による一斉授業を減らし，個別に指導する機会を増やすことである。

　これらの提案を国語科で行うことには多くの困難が伴うかもしれない。しかし，私たち大人が文学を読むとき，なにも戦争を話題にした小説や森鷗外の作品など名作ばかり手にとるわけではないはずである。それは，大人が怠惰で向上心に欠けているからではない。興味ある話題や共感できる登場人物が描かれ，また，文章理解に抵抗のない文章を選ぶことで，物語の世界に入ったりそれを眺めたりして読む経験を楽しむことが文学的文章を読む行為

の本質だと知っているからである。教科書に収録されている作品だからというのではなく，個々の児童が文学的文章を読む経験が十全にできる作品を選ぶことも大切だと思われる。

2．社会的に構成される読むことの難しさ

　教室で文学的文章を読むということは，単に文章を理解できればよいだけでなく，読んで理解したことを他の児童と話し合う力も必要である。ミュラー（Möller, 2004）は，小グループの話し合いに参加できない小学4年生が他のメンバーに受け入れられ，有能なグループのメンバーになっていく過程を記述・分析した。この研究の独創的な点は，読むことに困難を抱える児童の存在を認めながらも，誰が有能で誰が支援を必要とするかは状況によって変わり，その立場は固定されないと考えたことである。彼女が注目した児童は，読むスピードは遅く，読みのテストの成績もふるわなかった。小グループの学習をその児童と一緒にやることを知った他の児童は嫌がり，また話し合い中に彼女の発言を遮ったり無視したりする場面も最初みられていた。

　しかし，教師が一対一でその児童と読む機会を作ったり家で聞く朗読テープを渡したりして小グループの話し合いまでに決められた範囲を読んでこられるよう支援を行って以降，徐々に話し合いに参加でき，時には本文の具体的な箇所に言及したり脱線した話し合いを元に戻したりなど話し合いで主導権を握る場面もみられるようになったという。さらに，当該児童は，ヨーロッパ系アメリカ人でありながらも，両親がアルコール中毒で4人の弟の面倒をみなければならない立場にいたために，人種差別や社会的公正性を欠いた発言に敏感で，そうした観点から発言することで文学作品の深い理解を他のメンバーにもたらす有能な構成員としての姿もみられたと言う。

　とは言え，彼女の研究は，単に阻害されたメンバーから有能なメンバーへと成長したという物語を語るものではない。この児童は，その後も読みの困難を抱えていたと報告されており，ある意味では彼女が実体験として深い知識をもつ社会的公正を話題にした文学だったからこそ，有能なメンバーとし

て機能する場面があったと言える。つまり，文学的文章を読む困難を教室で問うとき，教師が様々な読みの支援を行い，また，他の児童が当該児童を受け入れる関係を作っていけば，その困難が取り除かれ双方にとって豊かな文学の読みの経験がもたらされうるということである。ミュラーは，そのために最も大切なことは「その児童が理解や語の意味を再生することに困難を抱えているにもかかわらず，読むことの学習において他の児童に重要な貢献をすることができるという信念をもつこと」（p.452）だと指摘した。

参考文献

Allington, R. L., (2002). You can't learn much from books you can't read. *Educational Leadership 60* (3), pp.16-19.

Möller, K. J., (2004). Creating zones of possibility for struggling readers: A study of one fourth grader's shifting roles in literature discussions., *Journal of Literacy Research, 36* (4), pp.419-460.

Valenica, S. W. & Buly, M. R. (2004). Behind test scores: What struggling readers really need. *The Reading Teacher, 57* (6), pp.520-531.

（勝田　光）

Q8 文学的文章を読むのが苦手だという児童に対してどのような働きかけをすればいいか

「文学的文章を読むのが苦手」と一口に言ってもいろいろなケースが考えられる。まず，その児童は何が「苦手」なのかということを見極める必要がある。ここでは「一人で読むことができない」，「どのような文学的文章を読んでいいかわからない」，「文学的文章から意味をつくり出すことができない」の３つの場合を取り上げて論述する。

（１）一人で読むことができない。

文学的文章を一人読みすることが難しいというケースである。その児童がまったく文字作品を読むことができない場合は指導者が読み聞かせて，作品内容を受容できるようにしていくといい。小学校国語教科書教材には絵本を出典としているものが少なくない。教材の原典の絵本を読み聞かせることで，その作品に対する子どもの興味関心を引き出すことができる。指導者とともに声に出して読むことで，一人読みへ移行する準備も可能になる。

また，一人読みはできるのに文学的文章を読むことが苦手であることの原因として，その文章がその子どもにとって読みにくさを含んでいることも考えられる。たとえば，読むことのできない語や意味がわからない語が１ページあたりに５つ以上あると，大人でも多くの場合一人で読んでその文章を理解することは著しく困難となる。この点は子ども一人ひとりでニーズが異なるが，分量は少なくてもいいので，その子にとって読むことができなかったり，意味がわからなかったりする語が４つ以下の文章を選んで（時には，その子のわかる言葉に言い換えて），１つの文章を最後まで読み通すことのできる体験をさせていくことである。もちろん，指導者が既に読み聞かせした絵本や文章を使ってもいい。一度音声で聞いたことのある本や文章であれば，どのように読めばいいのかその子にもわかりやすく，一人読みを始めやすい。

　また，友だちと協調し，協力して課題を解決するような内容の学習を準備したり，授業自体をインタラクティヴなものにしたりしていくことで，一人では読むことに取り組むことができない状況に対処することが可能になるだろう。上條晴夫編著（2004）やジェイコブスほか（2005）等に示されたワークショップ型授業や協同学習の方法はその手だてとなる。

（2）どのような文学的文章を読んでいいのかわからない

　日頃読んでいる文学的文章が国語教科書に掲載されるものばかりで，なかなかなじめないというケースだと考えられる。児童が一人で読むことができるのであれば，その児童の興味関心を聞き出しながら，個別にブックトークをしていくことが考えられる。

　「教科内容についての知識が不足している生徒」に対しては，背景知識を与えることはもちろん，生徒たちにとって何がむずかしいのかということを把握することが必要だとされている。また，読むのに困難を覚える文章を理解する手がかりとして，その文章についての背景知識をもたらす易しいノンフィクションを用いることも必要だとされている。たとえば健康や身体のしくみについて書かれた文章を読むのが難しい生徒に，コールとティーギンのフリズル先生シリーズのような絵本を与えるようなことである。比喩的に言えば，文章理解のための補助輪をもたらすことにもなる。

（3）文学的文章から意味をつくり出すことが苦手である

　「認知方略指導（理解）」にかかわる方法が多くとりあげられている。読みながら得られた知識を先行知識と関わらせることや，推論の方法，自らの理解をモニターする方法，情報の選択や要約などを教えることに加え，質問を考える方法を教えることなどがあげられる。「意味をとる」ための手がかりとなる方法を生徒に学ばせることが必要だと判断されているからであろう。児童言語研究会の一読総合法や井上尚美（2007）に示された方法は「認知方略指導（理解）」のための方法を教えるものである。

　「わかり方」の見本を教師が示すことからはじめて，次第に生徒が同じことをできるようにするという道筋での指導も考えられるだろう。また，批評的な概念や語彙を与えて，自分が何をできたのかをとらえさせるようにした

り，教師がその生徒のなしえたことを頻繁に「評価」し，意味付けていくことも必要である。わけがわからなくなるという事態に対処するための方法のモデルをきちんと示して，寄り添いながら指導していく必要がある。

「視覚的な構成」が必要とされる場合もあるだろう。その文章に何が書かれてあるかということや，書かれてあることがらの関係がわからないという場合が多いので，図式化したり，コンセプトマップを作ったりするという手だてが用いられている。府川源一郎他（2004）には「視覚的な構成」の方法と思われるものが複数取り上げられている。学習者がここに記されているようなケースに当てはまると思われる場合に試みるとよいのではないだろうか。

従来試みられてきた国語教育実践において「わかりやすさ」を追求した指導法を参照することも必要である。学習者にとってわかりやすい指導法は，学習者の心理に応じようとする配慮に支えられているものだ。だからこそ，学習者の「発達」を支援するものとなる。そのことを忘れてはならない。

参考文献

上條晴夫編著（2004）『ワークショップ型授業で国語が変わる 小学校 ―― 夢中で学べる楽しい授業プラン15』図書文化社.

ジェイコブスほか（関田監訳）（2005）『先生のためのアイディアブック ―― 協同学習の基本原則とテクニック』日本協同教育学会.

井上尚美（2007）『思考力育成への方略 ―― メタ認知・自己学習・言語論』明治図書出版.

府川源一郎・髙木まさき・長編の会編著（2004）『認識力を育てる「書き換え」学習 小学校編』東洋館出版社.

（山元隆春）

Q9　児童が説明的文章を読む難しさとはどのようなものかを述べなさい

1．各学年段階における説明的文章の読みの姿

　第3章の「Q9説明的文章の指導法にはどのようなものがあるか」で詳述したように，小学校の各学年段階で目指したい読みの姿は以下のようなものである。
○低学年：知識や経験をもとに想像を働かせ，1つ1つの論理（事柄同士の関係）を理解する読み。
○中学年：文章全体の論理の展開を吟味し，筆者の見方・考え方に迫る読み。
○高学年：1人1人の筆者の見方・考え方を相対化し，児童自らの見方・考え方を作りあげる読み。
　ただし，実際の児童の読みにはいくつかの困難が見受けられる。以下では，そうした困難の内実について，学年段階ごとに見ていこう。

2．説明的文章の読みの過程における困難

（1）知識や経験を活性化させ想像を働かせることの難しさ

　小学2年生に，「たんぽぽ」（東京書籍小学2年上，平成31年文科省検定済）という教材がある。たんぽぽが色々な場所に生え，仲間を増やしていく仕組みを解説した文章である。このなかに，「花がしぼむと，実が育っていきます。実が熟すまで，花の茎は，低く倒れています。実が熟して種ができると，茎は起き上がって，高くのびます。晴れた日に，綿毛がひらきます。高くのびた茎の上の綿毛には，風がよく当たります。」という一節がある。たんぽぽの実が育ち，綿毛を飛ばすまでの過程を時間に沿って述べた部分である。
　児童がこの部分の論理を理解できたとは，各文を時間にそって整理するのみならず，それらをたんぽぽ仲間を増やすための「仕組み」として理解できること，具体的には，花の茎が低く倒れなければならない理由や，高くの

125

びなければならない理由を補うことができることである。

　そのためには，たんぽぽについての科学的知識が必要だと考える人もいるかもしれないが，そうではない。読みの力を育てるという点から見れば，児童の既有の知識や経験からの想像を働かせることが重要である。そもそも，抽象的な科学的知識を低学年に理解させることは難しいだろう。

　ただし，そうした想像を児童が自発的に働かせることは容易ではない。想像の足場となる知識や経験を蓄えているとは限らないからである。また，蓄えていたとしても不活性な状態になっていることが往々にしてあるからである。ここに，児童に知識や経験を蓄えさせ，それを活性化させるための教師の手立てが必要となってくる。

（2）論理の展開に注目することの難しさ

　困難の２つ目は，児童の関心が内容面に集まりがちで，論理の展開にはなかなか注目しづらいということである。

　例えば，小学校３年生に「すがたをかえる大豆」（光村図書小学３年下，平成26年文科省検定済）という教材がある。大豆の加工例を，いり豆・煮豆・きな粉・豆腐・納豆・味噌・醤油・枝豆・もやしの順序で並べ，大豆が色々な姿で食べられていることを説明した文章である。

　先に述べた内容面に注目する読みとは，大豆の他の加工例を探したり，他の食品の加工例を探したりするような読みを指す。これは児童が面白がって取り組むものではあるものの，説明的文章の授業で育てたい読みの力を育むものとはなり難い。授業においては筆者の論理の展開，すなわち読み手に伝えたい結論へ向けて，なぜそのような順序で事例を並べているのかに向けた疑問や関心をもたせていくことが大切である。

　また，仮に児童が事例の順序に注目したとしても，そこでの発言が筆者への批判や疑問に留まってしまっては，筆者の見方・考え方へ迫ることは難しい。本来の批判的読みとはそのようなものではなく，筆者への批判や疑問を契機にして，筆者が本当に言おうとしていることは何かを推論する読みである。そうした読みを授業で実現するためには，「なぜ，筆者はこのような順序で事例を並べたのか」を考える場を意図的に作り出す必要がある。

　以上に述べたような困難を乗り越えるためには，児童と教材との出会わせ方や，出会わせた後の交流の組織の仕方が決定的に大切である。

（3）筆者の見方・考え方を相対化することの難しさ

　困難の3つ目は，筆者の見方・考え方を相対化することが容易ではないということである。それは，高学年教材で扱われる題材の多くが児童の生活とは離れたものであり，知識や経験が不足しているため，いかに論理の展開を吟味したとしても，最終的な主張には納得する他ないからである。

　小学校5年生に「森林のおくりもの」（東京書籍小学5年，平成26年文科省検定済）という教材がある。前半部分では，日本における木の利用例を，家屋の木材・紙・火といった目に見えるものから，森林による地下水の貯蔵といった目には見えないものへと順序立てて述べている。後半部分では，砂漠化に苦しむ世界と緑豊かな日本を比較し，日本に生まれた幸せに感謝することの必要性や，森林を育てる仕事の素晴らしさを考えることの必要性を主張している。

　児童がこうした文章を読んだ際，筆者が順序と比較の論理展開を通して，我々の生活がいかに木に支えられているか，世界的に見てそれがいかに希少かを伝えようとしていることが読みとれたとしても，そうした筆者の見方・考え方に反論を加えることは大変難しい。この困難を乗り越えるためには，筆者の見方・考え方を相対化し，その問題点を明らかにするような外部情報を授業に持ち込むことである。そうした問題点が明らかになって初めて，児童は「では，自分はどう考えるのか」を自問し，自らの見方・考え方を立ち上げていくことができるのである。

　本稿で述べたような困難を乗り越えるための指導方法と授業の実際については，第3章のQ9を参照していただきたい。

参考文献

吉川芳則（2017）『論理的思考力を育てる！　批判的読み（クリティカル・リーディング）の授業づくり』明治図書出版.

河野順子（2006）『〈対話〉による説明的文章の学習指導』風間書房.

（古賀洋一）

Q 10 「知識・技能」の学習にはどのような難しさが
　　　　あるか

1.「知識・技能」の構成

　学習指導要領は〔知識及び技能〕の内容を「(1) 言葉の特徴や使い方に関する事項」,「(2) 情報の扱い方に関する事項」,「(3) 我が国の言語文化に関する事項」の3つの事項で構成している。

　国語科で育成が目指される資質・能力の3つの柱は相互に関連し合い，一体となって働くことが重視されるので，〔知識及び技能〕を〔思考力，判断力，表現力等〕と別々に分けて育成したり，〔知識及び技能〕を習得してから〔思考力，判断力，表現力等〕を身に付けるといった順序性をもって育成したりすることを意図した指導にならないよう留意する必要がある。

　換言すれば，〔知識及び技能〕の育成は，〔思考力，判断力，表現力等〕の育成とともに，あるいはその育成に関連付けながら行われるよう配慮を要するということになる。

　各単元では，〔思考力，判断力，表現力等〕の内容から「話すこと・聞くこと」「書くこと」「読むこと」のいずれか1つの指導事項を目標に据えて指導の全体を考えていくことになるが，そこに〔知識及び技能〕の指導を関連付けて確実に育成を図るように考えることが必要となる。

2.「知識・技能」の各事項から

(1) 言葉の特徴や使い方に関する事項

　この事項には，「言葉の働き」「話し言葉と書き言葉」「漢字」「語彙」「文や文章」「言葉遣い」「表現の技法」に関する内容が整理されている。ここでは「語彙」の指導について考えてみる。

　第1・2学年の事項に「言葉には意味による語句のまとまりがあることに気付き，語彙を豊かにすること」があり，高等学校まで系統的になされる語

彙指導はここから始まる。「語彙」とは，ある観点によって集められた語のまとまりであるが，高校生でもそのことを正確に理解しているものは多くない。それは，語句の学習として教材本文に現れる語の意味を学ぶことはあっても，その語がほかのどのような語とどのような関係にあるのか，その語の周囲にどのような言葉の世界が広がっているのかを学ぶ機会が必ずしも多くないことに一因がありそうだ。

　語彙指導とは，教材本文の意味を離れ，その語句にかかわる語彙の体系を扱う指導であり，学習者の語彙知識の拡充が目的となる。小学校では「身近なことを表す語句」（第 1・2 学年），「様子や行動，気持ちや性格を表す語句」（第 3・4 学年），「思考に関わる語句」（第 5・6 学年）の拡充を，それとして目指すことが求められている。

　たとえば，低学年において擬音語や擬態語などは言葉への興味を喚起する材料となり得るが，「コロコロ」という語の周囲には「コロリコロリ」「コロンコロン」「ゴロゴロ」「ゴロリゴロリ」「ゴロンゴロン」…などの語が，それぞれ固有の位置を占めつつ存在して，全体として体系をなしている。「サラサラ」「キラキラ」などまでを見渡せば，語構成の類似点や，濁音の効果などにも気付かせることができるだろう。文脈における語の意味の特定にとどまることなく，体系的な語の意味世界を垣間見せることで，学習者の語彙の拡充が目指されなければならない。「語句の量を増す」とは，こうした学習を指して言うものである。教材本文に「様子や行動，気持ちや性格を表す語句」や「思考に関わる語句」がたまたま現れるのを待つばかりでは，そうした語彙の拡充を目指すのは難しいであろう。「Ｂ　書くこと」における「推敲」の指導事項や「Ｃ　読むこと」における「精査・解釈」の指導事項との関連付けが綿密に図られなければならない。

（2）情報の扱い方に関する事項

　新たに設けられたこの事項は「情報と情報との関係」と「情報の整理」という 2 つの系統で整理されている。

　「情報の整理」では，「比較や分類の仕方，必要な語句などの書き留め方，引用の仕方や出典の示し方，辞書や時点の使い方」（第 3・4 学年）や「情報

と情報との関係付けの仕方，図などによる語句と語句との関係の表し方」（第5・6学年）を理解し使うことが求められている。「図などによる語句と語句との関係の表し方」の学習の過程では，種々の学習ツールに慣れ親しむことも想定されてよい。日々アップデートされる学習ツールの特性への理解を深めておく必要がある。

　「引用の仕方や出典の示し方」の学習は，たとえば「B　書くこと」の「調べたことをまとめて報告するなど，事実やそれをもとに考えたことを書く活動」や「C　読むこと」の「記録や報告などの文章を読み，文章の一部を引用して，判ったことや考えたことを説明したり，意見を述べたりする活動」などの言語活動を前提としていると言ってもよい。意見を述べたり，考えたことを書いたりするために，文章を「引用する」ことは不可欠であるが，その形式の理解とともに，要約ではなく「引用する」ことの意味の理解をぜひ進めたい。実際には，形式の理解さえ定着しないまま，中学，高校，そして大学へと進学するものが少なくないのは，そうした言語活動の経験が乏しいことも影響しているのかもしれない。

（3）我が国の言語文化に関する事項

　「言葉の由来や変化」の系統に「ウ …世代による言葉の違いに気付き，共通語と方言との違いを理解すること」（第5・6学年）がある。こうした言語の位相を，日本語の多様性として明確に認識することは，話し言葉と書き言葉との違いに気付き，場面に応じた言葉遣いを身に付けるうえで欠かせないはずだ。そこでは日本語の多様性がもたらす具体的な効果についても考えることになるだろう。同じ第5・6学年の「(1) 言葉の特徴や使い方に関する事項」の「ア 言葉には，相手とのつながりをつくる働きがあることに気付くこと」とともに，相手と目的を意識したコミュニケーションの在り方を学ぶ中で確実な定着を図りたい。

参考文献

塚田泰彦（2001）『語彙力と読書 ── マッピングが生きる読みの世界』東洋館出版社.

（島田康行）

Q11　文法学習にはどのような難しさがあるか

　初等教育における文法指導は，児童が実際に行う言語活動を想定し，その運用と関連をもとうとするアプローチから行われてきた。このようなアプローチを，機能文法的なアプローチという。機能文法的なアプローチには，いくつかの難しさがある。以下，機能文法における目標の問題と内容の問題について，それぞれ論じる。

1.　機能文法における目標の問題

　機能文法的なアプローチに立てば，文法の教育内容は，最終的に児童が行う言語活動と関連をもつことが期待される。この「言語活動と関連をもつ」ということについては，大きく2つの方向性がありうる。以下，2つの方向性を示したうえで，今後の目標論に関する論点を示す。

（1）読むこと，書くことなどの他領域に生かそうとする方向性

　たとえば光村図書小学2年生用教科書下巻（2019年版）は，「主・述の関係」について指導する際，「話すときや　文を書くときには，主語と述語が　あいてに　きちんとつたわるようにしましょう」といった注意をそえている。この記述は，児童が「読むこと」「話すこと」「書くこと」といった活動を行うときの補助的な知識を与えることを目的としている。これが文法を，読むこと，書くことなどの他領域に生かそうとする方向性である。これは，文法そのものを学ぶことが自己目的化してしまうことを防ぐ意味で重要な観点である。

　平成29（2017）年改訂小学校学習指導要領においても，「〔知識及び技能〕に示す事項については，〔思考力，判断力，表現力等〕に示す事項の指導を通して指導することを基本と」すると述べている（「指導計画の作成と内容の取扱い」(3)）。本稿執筆時点での教科課程や教科書も，文法指導に関して，読むこと，書くことなどの他領域に生かそうとするアプローチをとっているといえる。

（2）文法的意識をもつ過程を重視する方向性

（1）のアプローチに対し，ことばについて比較したり，推測したりする活動を通して，ことばに対する自覚的な意識を深めるアプローチがある。これはいわば文法的意識をもつ過程を重視するアプローチである。

一例として，助詞に関する指導の一環として，次のような俳句を用いた指導が行われることがある。

　（a）米洗う前に蛍が二つ三つ

　（b）米洗う前を蛍が二つ三つ

　（c）米洗う前へ蛍が二つ三つ

（いずれも作者未詳）

（a）～（c）の俳句の相違点は，「に」「を」「へ」という助詞のみである。しかしその助詞の相違により，（a）は蛍が「米洗う前」に「止まっていたり，向かってきたり」しているという解釈，（b）は蛍が「米洗う前」を「通過して」いるという解釈，（c）は蛍が「米洗う前」へ「向かってきて」いるという解釈が行われることが多い。このように，助詞の働きの違いについて比較し，分析する過程を重んじるのが，文法的意識をもつ過程を重視する方向性である。この方向性は，文法について高次から観察・分析できる能力（メタ文法能力）を育む可能性がある。さらにいえば，このような能力は，平成29（2017）年改訂小学校学習指導要領が求める「言葉による見方・考え方」の育成（「言葉への自覚を高めること」など）にも資する可能性がある。

（3）文法の目標論に関する難しさ

（1）の方向性は，文法学習の結果を言語活動に生かすことを重視している。この方向性に学習上の意義があることは疑いない。一方，（2）の方向性は，文法について考える過程そのものを言語活動として取り上げることを重視している。前述したように，現在は（1）の方向性に大きく揺れている状況である。しかし（2）の方向性についても，これまで多くの提案が蓄積されてきている。このまま一気に（1）の方向に揺れてよいのか，あるいは（2）の方向性についても別の指導の可能性はないのか，さらなる検討が必要である。

2．機能文法における内容の問題

　機能文法的なアプローチでは，児童が実際に行う言語活動を重視する。これにより，前節における（1），（2）どちらのアプローチにせよ，言語活動に表れない文法事項は扱いにくいという難しさがある。たとえば物語冒頭における「メロスは激怒した」の「は」が与える効果について考える学習を行ったとき，機能文法的なアプローチを重視すれば，主題，対比，限定，……という「は」の働きを網羅する指導は行いにくい。それは児童の言語活動から遊離した体系文法になってしまいかねないためである。一方，児童の言語活動との関連を重視して一部の用法のみを指導した場合，この文法事項と他の単元における文法事項との系統性がもちにくくなるという難しさがある。このとき文法指導は，体系を失った断片的な知識の羅列になってしまう懸念があるのである。

　上記の例を見てもわかるように，言語活動と関連する文法事項は，現在の体系文法をそのまま提示するものにはならないと考えられる。しかしその事項をただ羅列してしまっては，また児童の言語活動から遊離した「別の暗記の対象」を生み出しかねない。文法の指導を行う際には，教育内容としての文法の体系に加え，どのような目標のもと，どのような方法で指導していくのかという「文法指導の体系」が必要である。この問題は歴史的にずっと指摘されてきた「根の深い」ものであるが，児童のよりよい学習のため，検討していく必要がある。

参考文献

倉澤栄吉（1959）『文法指導』（『倉澤栄吉国語教育全集』第6巻所収）朝
　　　倉書店.

永野賢（1986）『学校文法概説　新訂版』共文社.

森岡健二（1995）『新版　文章構成法』東海大学出版会.

（勘米良祐太）

Q 12 国語科における情報の取り扱い方には どのような難しさがあるのかを述べなさい

1. 情報の扱い方の困難点と学習指導要領における情報の意義性

　国語科において，情報の扱い方における指導上の一番の困難点は，なんのために情報活用能力を学習者に身に付けさせなくてはならないかという意義を授業者自身意識することが難しいという点である。

　情報の学習において，うわべだけ知識を得るための学習を行うばかりでは全く意味がない。異なる性質の情報，異なる情報の利用を積極的に幅広く関連付けて学習させていかなくては情報の学びの充実にはつながらないのである。

　情報の扱い方の指導をおこなう理由について，学習指導要領では次のように述べられている。

　　人工知能がどれだけ進化し思考できるようになったとしても，その思考の目的を与えたり，目的のよさ・正しさ・美しさを判断したりできるのは人間の最も大きな強みであるということの再認識につながっている。
　　このような時代にあって，学校教育には，子供たちが様々な変化に積極的に向き合い，他者と協働して課題を解決していくことや，様々な情報を見極め知識の概念的な理解を実現し情報を再構成するなどして新たな価値につなげていくこと，複雑な状況変化の中で目的を再構築することができるようにすることが求められている。

　このように，「情報の扱い方」の指導を充実させなくてはならないのは，「複雑な状況変化の中で」子どもたちが自ら「課題を解決していく」ために，「様々な変化に積極的に向き合い，他者と協働して」「様々な情報を見極め」「情報を再構成するなどして新たな価値につなげていくこと」が，時代の要請として学校教育に求められているためであるということがわかる。

2．国語科における情報の位置付けとその独自性

　では，学習者たちが，情報と積極的に向き合い，さまざまな情報を見極めていき，それらを再構成して新たな価値につなげていく課題解決能力を身に付けるために，「情報」というものをどのように捉え，指導していけばよいか。

　「情報」の性質を捉えるとすると，対象（テクスト）の側面と，機器（コンテンツ，ツール）の側面との両面から考えていかなければならない。対象（テクスト）の側面から「情報」を捉え，その「扱い方」において育てるべき資質・能力をどのように捉えるべきか考えていくためには，これまで「情報」について，主に言語テクストの理解と表現を学習内容として捉えてきた国語科で，「情報」がどのように捉えられてきたかを吟味してくことが重要である。

　というのも，これまで言語としての情報を主軸に据えてきた国語科においても，情報化の進展により，社会や日常生活の中で捉えていくべきテクストの対象が，写真や絵などといったビジュアルテクストや，BGMや効果音といったサウンドテクスト，さらにそれらが融合したマルチテクストにまで理解と表現の対象を広げて捉えようとされてきたからである。

　以下では，対象（テクスト）の側面から情報を捉える能力を育成するポイントにしぼり，学習者に育成すべき情報の扱い方とその指導法について押さえていきたい。

3．育成すべき情報の扱い方とその指導法

　前述したように，国語科において学習の対象となる「情報」の位置付けについては，社会状況の変化や子どもたちの身近なメディアの多様化に即しながら議論されてきた。現在の「情報化の進展」のなかで，国語科において対象とすべき「情報」とは，多様な要素が複合的に融合したテクストの解釈であることを押さえておかなくてはならない。

　それゆえ，国語科教育の指導において考えていかなくてはならないことは，〔思考力・判断力・表現力等〕における「話すこと・聞くこと」「書くこと」

「読むこと」の指導内容が，それぞれ独立して情報を学習していく機会になるというだけではなく，それぞれの言語活動の場面で多様な情報を捉え，融合的に学習していくことのできる指導を編み出していかなくてはならない。

　たとえば，近年，ネット上に展開されるソーシャルメディアの情報は，受け手と送り手がデータをキャッチボールのようにやりとりするという単純な関係ではなく，たえず流動的に形を変え，網の目のようなネットワークを背景としている。その中で子どもたちは，多様なテクスト，コンテンツ，ツールを複合的に解釈し，ときに埋没し，ときにそのプロセスを可視化しながら協働的な学びを展開していくように求められる。

　その際，インターネット上に提示された情報の読み取りの学習のみになってしまっては従来の紙媒体を使った読解学習と変わらないということになってしまう。そうではなくて，インターネットを使うことで，紙媒体では果たされない，どのような読み書きの学習としての成果が達成されたかが明確になるよう学習指導のプランを立てる必要がある。インターネットの情報を何のために検索するのかが明確になり，検索したことによってどのような活動につながり，問題解決に至ったのかという実感がもてるよう，「書くこと」「話すこと・聞くこと」の活動を取り入れながら学習を構築していくことが求められる。

　学習者が取り巻かれている日常生活の場では，視覚的な言語テクストやビジュアルテクスト，聴覚的なサウンドテクストが混在している。それらを教室での学習の対象とする場合，それがどのような要素のテクストであったとしても，テクストとの出会いは，副次的なものや補助的なものではなく，多様な要素が複合的に融合した「ボーダレスな」解釈の対象と捉えることが必要である。そのことが，学習指導要領にも明記されている「情報を精査して考えを形成したり，問題を見いだして解決策を考えたり，思いや考えを基に創造したりすることに向かう過程を重視した学習の充実を図る」という情報をもとにした国語学習の創造につながると考えられる。

4．機器（コンテンツ，ツール）の側面が捉えられる資質・能力の育成

　もう1つの側面として機器（コンテンツ，ツール）の側面がある。2015

年のPISA調査の結果において，子どもたちがコンピュータ上の複数の画面からの情報の取り出し・考察・解答に戸惑ったとされている。この問題が，新たな情報リテラシー育成の課題となっていることも十分に意識しておかなくてはならない

　情報の取り扱いにおいて，学習者の困難性として，解釈の対象となるコンテンツやツールが複数にわたり，さらに紙媒体や，Webや，ムービークリップなど，性質の異なる媒体が用いられることによって，同じ内容であっても大きく印象が変わり，戸惑うことがある。

　学習者が感じるそのような戸惑いを取り除くために，性質の異なる多様なコンテンツやメディアを積極的に取り入れた学習を展開していくことが必要である。そのような学習の開拓が，メディアや他者と積極的にかかわりながら，相手の発するメッセージを理解していくことを可能にし，学習者の思考活動につながることを付け加えておきたい。

5．おわりに

　このように，国語科において情報の扱い方に関する理解を促進するためには，テクスト，コンテンツ，ツールの差異を理解し，一連の状況の中で複合的に捉えることが重要であることがわかる。

　そのような場のなかで，子どもたち自身が自分の力で課題を発見し，授業者とともに情報に関するスキルを習得しながら，テクストを把握し，その性質について考える機会を多く設定することで，多様な側面から深い解釈に導くことができる授業を実現することにつながるといえるのではないだろうか。

参考文献

高木まさき（2009）『情報リテラシー』明治図書出版.

堀田龍也監修（2016）『「情報編集力」を育てる問題解決的な授業づくり』
　　　　明治図書出版.

堀田龍也編著（2017）『新学習指導要領時代の間違えないITC』小学館.

（瀧口美絵）

Q 13 読書の学習上の難しさとはどういうものか

1. 不安定な学習指導要領における読書の位置付け

　国語科の授業における読書の学習上の難しさは，「読書」が国語科の学習指導事項として安定的に合意されていないということにあるであろう。

　これまで国語科学習指導要領において読書は様々に位置付けられてきた。昭和22年及び昭和26年改訂小学校学習指導要領（試案）では，実際生活に役立つ読書力の養成が課題となっていたが，昭和33年改訂小学校学習指導要領からは学習の系統化が図られ，読解と読書を両輪とする捉え方となった。しかし，昭和52年改訂学習指導要領からは，読書は各学年の目標のみに，「習慣」あるいは「態度」として記述されるだけになり，内容には読書に関する指導事項はなくなった。その後，平成10年改訂小学校学習指導要領では，「内容の取扱い」や「指導計画の作成と内容の取扱い」については記述されてはいるものの，実際に国語科の授業において読書の学習は実際のところ，ほとんど行われなくなった。平成20年改訂学習指導要領では，「読書活動の充実」が重視され，目標だけでなく内容「C　読むこと」の指導事項に「目的に応じた読書」が挙げられるようになって，ようやく，様々な読書活動が，教科書教材を読むことに関連させて展開されるようになった。平成29年改訂学習指導要領では，「C　読むこと」の〔思考力，判断力，表現力等〕ではなく，〔知識及び技能〕の方に（3）我が国の言語文化に関する事項の1つとして位置付けられた。「C　読むこと」の一部ではなく，〔知識及び技能〕になったことで，どのようなことが学習内容になるのか，まだ十分に議論されていないところである。

2. 読解・読書対置における読書の学習上の難しさ

　表6-13-1は，読解と読書が両輪という考え方が始まった当時，読解と読書はどのように対置されていたのかを明らかにするために，倉澤栄吉が昭和

33年に『学校図書館』第91号に執筆した「読解指導と読書指導」という論考から，筆者が読解と読書の違いを一覧表にまとめたものである。倉澤は「読書と読解とをこのようにはっきりと区別しすぎることは正しくないかもしれませんが，小論ではわざと対置して説明してみたのです。」としている。

こうやってみると，表の右側「読書」の方に，国語科の授業にはなじみにくいことが多く記述されており，これらが読書の学習上の難しさを生み出してい

表6-13-1
昭和30年代の読解指導と読書指導

読解指導	読書指導
学習	生活
文章・文・語	書物
言語の形	内容
教室	学校図書館・家庭
解釈（とくこと）重視	読むこと重視
生活における基礎	生活における応用
指導	教育
技能	知識・態度・習慣
分析的能力	総合的能力
人間一般として身に付ける能力	主体的な能力・生活能力
集団	個人
低学年向き	高学年用
中間	導入・終末

る。読書は「生活」における読みを扱うので，学習になじみにくい。教科書教材を扱えばいいというわけではなく，「書物」の準備が難しい。「内容」を扱うので，児童一人一人が違うものを読んでいると，内容も千差万別になってしまう。学校図書館や家庭の場で読むことを，授業場面に持ち込むのが難しい。生涯教育，社会教育，学校教育にも読書は関係するので，国語科の指導という範疇を超えている。「生活における応用」なので，基礎を学習するより難しい。「知識・態度・習慣」というのは，国語科の範疇を超えてしまっているのではないか。「総合的な能力」なので分析的に扱えない。「主体的な能力・生活能力」であり「個人」によって異なるので，学級での一斉指導にはしにくいなどの問題がある。ある程度文字が読めるようにならなければ読書という形をとりにくいので，小学校なら高学年にならないと本格的には始められない。

しかし，これらの考え方は当然現在から見ると古いものもある。例えば，「個人」で行った読書を学級集団や小グループに報告ないしは紹介するとい

う活動は，国語科の授業で多く取り入れられるようになってきた。また，様々な大きさの集団を用いた集団読書の方法は，数多く開発されてきている。

３．紹介系読書活動における不十分な学習

最近増えてきたのが，自分が行った読書を，他の人に紹介するものである。ビブリオバトルのようなものが典型であるが，教科書教材を読みつつ，自選の図書を読んで紹介するという場合もある。

紹介するという活動は，①演者（紹介をする側）と聴衆（紹介を受け止める側），②紹介の文化形式（発表，ブックトーク，スピーチ，読書新聞，ポップ，ポスター，書評など，かけられる時間や文章量などを含む），③紹介内容（本の要約と感想）の３点があって成立するが，これらが十分に指導されないまま，何となく不十分な紹介の活動が行われていることが，読書の学習を難しいものにしている。特に，紹介の文化形式に触れた経験が少ないので，子どもも迷ってしまうことが多い。これら３点の学習指導がきちんと積み重ねられていくことが重要である。

参考文献

足立幸子（2015）「国語科学習指導要領における読書指導の位置づけと課題」『新潟大学教育学部研究紀要人文・社会科学編』8（1），pp.1-11.

足立幸子（2020）「紹介系読書活動の原理」『月刊国語教育研究』575，pp.28-31.

（足立幸子）

Q14 書写学習上の難しさとはどういうものか

1. 国語科「書写」の目的

　国語科における「書写」は，〔知識及び技能〕に位置付けられる。AIや情報入力機器の普及する現代の小学校教育において，「書写」についても時代の変化への対応が求められる。ここでは，「書写」を学習することに伴う難しさについて3点あげてみたい。

①書写学習の意義を見いだしにくいこと

②道具の取り扱いが困難であること。

③児童の個人差が大きいこと

　以下にそれぞれの概要と時代の変化への対応策について述べていく。

2. 書写学習の意義を見いだしにくいこと

　パソコンやスマートフォンなど情報入力機器が普及したことにより手書きで文字を書くことの意義が見いだしにくくなっている現状がある。また，小学校教育においても電子黒板やタブレット端末を使用すると，ますますこうした傾向は顕著になるであろう。

　歴史を遡れば，近代学校制度成立以降，「習字」と呼ばれた毛筆書字教育から現代の「書写」にいたるまで，文字を書き写すことの教育は，常に時代の変化による実用性と対峙させられてきた。明治初期における西洋からの石筆の流入，大正期における硬筆（鉛筆）の使用，タイプライター，ワープロ，パソコンなどの情報入力機器の急速な普及などにより，毛筆だけではなく，硬筆も含めて手書で文字を書くことの意義が薄れてきているのである。

　文字を手書きで書くことの意義を小学生に理解させるに書写の指導に求められるのは，「他者意識」と「目的意識」であるとされる。松本仁志（2009）では，「書写指導とは，何かを相手に伝えるために文章を書くその「相手意識」という点から丁寧に読みやすく整えて書いたり，また，ある目的のもと

で書くその「目的意識」という点から，速く書いたり大きく書いたりと，文や文章を書く状況にふさわしい文字（文字群）の書き方を学習する場」であると述べている。

　書写教育における「相手意識」を育むことにより，「読み手が読みにくかったらどう思うのか，また，どう困るのかを実感し，そこから読み手や目的に応じて判断して書き分けることの必要性を知り，さらに，書き分けるための基礎技能習得の必要性を知る」ことができる。

　つまり，手書き文字によって字形を整えて書くことだけを目的にした場合，活字体を表現できる情報入力機器を上回ることは容易ではない。しかし，手書きによって「相手意識」を育むことを通して，コミュニケーション能力育成の一手段として書写教育の意義を見いだすことが可能となる。

3．道具の取り扱いが困難であること

　「書写」で使用する筆記具について，とりわけ毛筆の取り扱いの難しさがある。毛筆の学習は第3学年以降におこなわれる。その際，「第3　指導計画の作成と内容の取扱い」の配慮事項において，「毛筆を使用する書写の指導は硬筆による書写の能力の基礎を養うよう指導すること」とされており，「書写」における毛筆は硬筆の基礎であるとして硬筆との関連的な指導が求められている。

　しかしながら，毛筆では使用する道具が多く，筆，墨，硯，紙などのいわゆる文房四宝に加えて，下敷き，文鎮，紙ばさみ，ぞうきんなどを用意する必要がある。

　筆は，おもに動物の毛によってつくられているが，近年，児童用の筆は，安価な人工毛が普及している。筆は使用後に，水洗いで墨をよく落さないと，筆を痛める原因となる。しかしながら近年は，学校で筆を洗わずに家庭まで持ち帰らせることが多いため，児童による筆の管理が十分ではない。こうした対策には，教室にバケツやペットボトルなどに水をためて洗わせるなどの工夫も必要である。

　また，第1・2学年での使用が推奨されている水書用筆の使用も有効であ

る。教室を汚す心配が少なく，手軽に筆遣いの学習ができる利点がある。

　このように，毛筆の取り扱いは困難ではあるものの，書写において毛筆を使用する意義についても触れておきたい。我が国で使用している文字はもともと毛筆によって作られた字形であり，毛筆は，筆遣いとして終筆部分の「止め」，「はね」，「払い」の書き分けを理解するうえで大変有効である。さらに，毛筆で終筆部分の書き分けを表現するために硬筆と最も異なる点は，三次元（垂直）方向への動きの大きさにある。硬筆は，水平方向への運筆が中心であり垂直方向への動きは僅かであるが，毛筆では筆を水平方向だけではなく，垂直方向に動かすことが求められる。

　以上みてきたように，書写では道具の取り扱いが困難ではあるもののそれに見合う有効性は認められる。また，近年は電子黒板に手書きで追加入力することや，ペンタブレットの使用によって手書きでパソコンに文字を入力することがあるなどから，時代の変化に応じた道具の選択も必要となる。書写の指導においては，道具の取り扱いに気を配りながら適切な指導を心がけたい。

４．児童の個人差が大きいこと

　他の教科，領域と同様に「書写」の指導においても児童の個人差が大きく，これに対応していくことが指導上の困難な点の１つである。児童によっては，手先を動かすことが苦手であったり，教科書（手本）の字形を認識することが困難であったりすることなどから，整った字形を書くことが難しい場合がある。その一方で，習字教室などに通っている児童や，形を認識することを得意として苦労せずに整った字形を書ける児童も存在する。こうした個人差が大きい場合に書写の指導で必要なことの１つに評価の問題がある。

　「書写」の指導は，手本と同じ形に書き写すことや，活字体のように規格化された文字をデザインすることを到達目標に据えているのではない。従来の「書写」における評価では，学習成果である作品等の提出物に依存する結果主義的な傾向がみられたため，習字教室に通う児童が常に好成績を収めるような例がみられた。

しかし，現代における「書写」の評価では，学習者である児童の知識・理解，技能だけではなく，関心・態度（自ら進んで，丁寧に書こうとする，生活に役立てようとする）などを総合的に判断する必要がある。こうして，児童の書写力を総合的に評価することにより，結果主義，技術主義に陥らないことが重要である。

　以上，書写指導の難しさについて，3つの視点から考察してきた。こうした，指導の難しさを乗り越え，時代の変化に応じた書写の指導を模索する必要がある。このことが，書写により「我が国の豊かな文字文化を理解し，継承，創造していくための基礎」へとつながっていくと言えよう。

参考文献

松本仁志（2009）『「書くこと」の学びを支える国語科書写の展開』三省堂.
文部科学省（2018）『小学校学習指導要領解説　国語科編』東洋館出版社.

（鈴木貴史）

Q15　小学生の書写学習の難しさはどのようなものか

1．書写学習の概要

　平成29（2018）年改訂学習指導要領で〔知識及び技能〕に位置付く書写は，国語科の教科目標である「(1) 日常生活に必要な国語について，その特質を理解し適切に使うことができるようにする。」を実現するために，各教科等の学習活動や日常生活に生かすことのできる書写能力を身に付けることを目標として学習される。また，我が国の言語文化としての書き文字に親しんだり理解したりすることができるようにすることも目標とされている。

　これらの目標の実現を目指す書写学習は，鉛筆やボールペンなどの筆先（穂先）が固定化されている筆記具を使って書写する硬筆書写学習と毛筆を使って書写する毛筆書写学習の2つに大きく分けられる。硬筆書写学習は，文字学習やノートへの記録，文章表現活動と一体的に小学校の1年生から6年生まで継続的に実施される。一方，毛筆書写学習は，年間30単位時間程度の時間を特設して，小学校3年生から小学校6年生まで実施される。

　なお，硬筆書写・毛筆書写ともに学習する内容は，単体の文字や語・文といった文字の集まりを書写するために必要な知識及び技能であり，言語文化としての書き文字に関する知識・理解や親しむ態度に関することである。

2．書写学習の困難点

（1）文字学習の容易さと語・文の書写活動への性急な移行が生み出す困難点

　文字を正しく整えて書写するためには，文字の概形（全体的な形）や点画の形状（曲がり・結びなど）・長短・方向性に関する図形認識力と文字をスペースにバランスよく位置付けたり点画同士のバランスを保ったりするための空間認識力と，それらの認識に基づいて筆記具を操作する身体的能力としての運筆力が育っている必要がある。なお，図形認識力・空間認識力は，書写学習だけでなく図画工作や算数などを含めたさまざまな学習活動や日常生活で

徐々に育っていく能力である。また，運筆力は，筆記具を握る力（握圧）や筆記具を紙面に押し付ける力（筆圧）を含め，身体的能力の発達に影響される。これらの3つの能力の発達が書写学習には不可欠である。

　しかし，日本語は，1つの音節を1つの文字で表記できる音節文字としての平仮名・片仮名を有していることから，文字の音と字形を結び付けることに苦労しない。そのため，スペリングに注力しなければならない英語のような言語の書写学習と比べて，正しく整った文字を書写しようとすることに注力しやすく，指導者も学習者も早々に書写学習の効果が上がっていると思いこみやすい。結果として，短時間で語や文の学習へ移行することが促される。すなわち，ノートへの記録が急かされたり，いきなり作文用紙に文章表現をすることが要求されたりすることになりがちである。書写力には，子どもの認識能力だけでなく身体的能力が深くかかわるが，短時間で語や文の学習へ移行するということはそれらの能力が書写するために必要な段階に育たないうちに語や文を書写することを要求することになる。特に筆記具を握る握圧や紙に押し付ける筆圧を適切に調整したり，図形や空間の認識を腕の動きに反映させる運筆力が十分に育っていなかったりする段階では，単体の文字の書写学習で育成したはずの字形を整える能力が瓦解しやすい。これが，学校教育における書写学習の困難さの筆頭である。

　加えて，語や文の書写活動においては，あるスペースに文字をバランスよく書写するために配置・配列に関する能力が必要となるが，この配置・配列の能力の育成にも十分な時間をかけられない。この点も書写学習の困難さを生み出す。

（2）右利きの書き手が縦書きすることを前提とした字形が生み出す困難点

　書写学習において手本として示される手書き文字の字形は，右利きの書き手が縦書きをすることを前提としたものである。

　ところが，現在では，学校での学習活動も日常生活における書字活動も，多くは横書きである。したがって，実際の学習活動や日常生活における書字活動では，手本に似せるように習得したはずの字形とは異なった字形が生まれやすい。また，ヨーロッパの書字活動では当たり前とされている左利きの

書き手が左手で書写するとき，右利きとは明らかに異なる運筆がなされる。必然の結果として，左利きの書き手に都合のよい運筆によって生み出される字形は，右利きの書き手が縦書きするときの字形とは異なってくる。

　以上のように，手本として示される字形と学習者が横書きで書写するときの字形や左利きの書き手にふさわしい字形とが異なり始めている実態及びそれに対する指導理念が確立していない点も，書写学習の困難さを生む。

（3）指導者側が生み出す書写学習の困難点

　書写学習の困難さを生み出すもう一つの大きな原因として，以下のような指導者側の問題点が挙げられる。

①さまざまな学習活動や日常生活に生きる書写力の育成を目指すという目標が十分に認識されておらず，未だに手本に近い字形を書写する能力の育成のみに拘泥した孤立的な書写指導から抜け出せていない点。

②自らの書写力に自信のない国語教師の書写指導に対する苦手意識を放置したまま，学習者の書写力を一定レベルまで伸長させ得る科学的・効率的な指導方法の開発が十分になされていない点。

③書写は国語科教育の一分野に位置付いているにもかかわらず，教員養成の段階で書写に関する学力観・内容観・指導方法観・評価観などに関する認識が十分に育成されていないことに加え，指導者になってからも実践的な研究組織が国語教育の研究組織と切り離されている点。

④毛筆書写指導が硬筆書写力にどのように反映するのかといった基本的な問題に対する科学的・実証的な追究が，十分にされていない点。

　以上のように，書写学習を困難にさせている原因は多岐にわたる。

（千々岩弘一）

Q 16　かな文字学習にはどのような難しさがあるか

1．かな文字学習の難しさを把握しておく必要があるのはなぜか

　現在の教育システムでは，かな文字の体系的な学習は小学校から始まるが，入学時には既に多くの文字を読み書きできるようになっていることが，幼稚園年長児を対象とした各種調査によって明らかになっている。このような実態を踏まえたカリキュラムの場合，かな文字学習に配分される時間は少なく，ある程度読み書きできることを前提とした授業が進められていくこととなる。そのため，読み書きが苦手な子どもたちの多くは，学習の仕方やポイントを十分に認識できないまま個人学習によって努力せざるを得ない状況が生まれる。限られた時間の中で，学習者がかな文字を読み書きする力を確実に習得できるように支援し，学習者が自ら学ぶ方法を身に付けられるようにするためには，かな文字の学習上の困難さを把握するための視点をもっておくことが重要である。

2．かな文字学習にはどのような難しさがあるのか

（1）音と文字を対応させることの難しさ

　かな文字学習に困難を抱える事例としてまず報告されるのが，言葉遊びに興味を示さない，文字と音を対応させることが難しいといった学習者の様子である。かな文字はいわゆる音節文字であるため，単語を構成している音連続（または文字連続）を分解して認知する必要がある。そのため，かな文字の習得には音韻意識の発達が関係する。音韻意識とは，「音の連鎖からなる話しことばの意味的な側面ではなく，音韻的な側面に注目し，話しことばの音韻構造を把握し，その中の音韻的な単位に気づき，識別し，操作する能力」（原恵子，2003，p.98）を意味する。語尾音を抽出して，その音を語頭にもつ語を探すしりとりや，じゃんけんをして一音ずつ声に出して進む通称「グリコ」遊び，指定された音で始まる言葉探し（「あ」の付く言葉集め）な

ど，子ども達の遊びの様子に音韻意識の発達をみることができる。コミュニケーションを積極的に行い，話し言葉の音の構造に注意を向けられるようにしたり，補助具を用いて語を構成する音への意識付けを行ったりするなど，音韻意識の発達を促すような支援が求められる。

　さらに，音と文字を対応させるときに生じやすいのが，例えば「ほ」を「よ」と読み書きするなど「同一子音または同一母音をもつ文字」の誤り，また「め」を「ぬ」と読み書きするなど「形の類似した文字」との混同である。語レベルでは，例えば，「です」を「れす」，「にわとり」を「こわとり」と読み書きするといった事例が該当する。音の同定や抽出上の誤りは，幼児音や母語の影響も考えられるため，音を聞き分けたり口や舌の動かし方の練習をしたりするなど発声や発音，姿勢や口形に関する支援を取り入れていくことになる。

（2）特殊音節を含む語の表記の難しさ

　かな文字学習において最も多く観察されるのは，「促音」「撥音_{はつおん}」「長音」「拗音_{ようおん}」を含む語の表記の誤りである。これら特殊音節を含む場合は，脱落や挿入，誤配置などの誤りが生じやすい。例えば，「うんどうかい」を「うどかい」（脱落），「たのしかった」を「たのしっかった」（挿入），「フルーツ」を「フルツー」（誤配置）等の誤りである。特に，長音のエ列とオ列の表記については，「せいかつ」を「せえかつ」，「うんどうかい」を「うんどおかい」と表記する等，実際の発音と表記のきまりにずれがあることによって誤りが生じやすい。拗音の場合は，「じんじゃ」を「じんじや」と記したり，「はっぴょうかい」を「はっぴうかい」と書いたりする誤りが多い。

　このように，かな文字学習では，一音節一拍（モーラ）一文字対応にならない特殊音節を含む語の学習で困難が生じることが多い。現在使用されている教科書教材には音節または拍に対応する記号が付されているため，それらの記号を活用して音節（拍）への気付きを促したり，特例表記のきまりを理解できるようにするために，学習者がよく使用する語の表記法を提示して覚えやすくしたりするなどの支援が求められる。

（3）形の弁別や運筆に関わる難しさ

　かな文字がある程度書けるようになり，文や文章を書き始めるようになると，形の弁別や運筆に関わる誤りも多く観察されるようになっていく。大庭重治（2003）の研究では，書字過程で見られる字形の誤りとして「原型保存」「異配置」「崩壊」「異字」の４つのタイプが指摘されている。字形を構成する直線・曲線の一部が変容したり（原型保存），いわゆる「鏡文字」を書いたりする場合（異配置）も多く，文字の形を想起することはできても，その形を再現する際に困難が生じる場合がある。字形の特徴に注目させて弁別する学習を取り入れつつ，傍線や曲線を書いたり，点と点をつないだり，なぞり書きをしたりするなど，遊びを通して鉛筆の持ち方や手の動かし方をトレーニングする機会を位置付けていくことが大切である。

3．文字の世界へ参入する喜びへ

　文字の読み書きは，継続的な努力を要する学習である。一人で読み書きする機会を確保することも大切だが，他者とともに学ぶことにより，文字の価値やよさに気付けるような学習を取り入れていくことも必要である。子どもたちは，絵本の読み聞かせや，手紙をやりとりするといったコミュニケーションを通して文字の世界へと参入していく。文字を読み書きすることの価値に気づき，自分も読み書きできるようになりたいと願えるような機会を保障していくことも重要である。

参考文献

太田静佳・宇野彰・猪俣朋恵（2018）「幼稚園年長児におけるひらがな読み書きの習得度」『音声言語医学』59（1），pp.9-15.

大庭重治（2003）「就学前後の平仮名書字における誤字の発生とその変化」『上越教育大学研究紀要』22（2），pp.529-537.

原恵子（2003）「子どもの音韻障害と音韻意識」『コミュニケーション障害学』20（2），pp.98-102.

（長岡由記）

第7章

国語科教材研究の視点

Q1 話すこと・聞くことの指導の目標とはどういうものかを述べなさい

　話すこと・聞くことの指導の目標は，学習指導要領において，話すことに関する事項，聞くことに関する事項，話し合うことに関する事項によって構成されており，学習過程に位置付けて，ア：話題の設定，情報の収集，内容の検討／イ：構成の検討，考えの形成（話すこと）／ウ：表現，共有（話すこと）／エ：構成と内容の把握，精査・解釈，考えの形成，共有（聞くこと）／オ：話合いの進め方の検討，考えの形成，共有（話し合うこと）の5つに整理して次頁のように『小学校学習指導要領解説　国語編』に示されている。

　アの事項では，話題について低学年の「身近なことや経験したこと」，中学年以降「日常生活の中から」，さらに中学校第2学年以降「社会生活の中から」と推移していく。中学年では，集めた材料を比較分類して伝え合うために必要な事柄を選び，高学年では分類関係付けして検討する。中学校では，立場や考えを想定して整理することが加えられていく。

　イの事項では，話の構成について，低学年から順に「話す事柄の順序」→「理由や事例などを挙げながら，話の中心が明確に」→「話の内容が明確になるように，事実と感想，意見とを区別」と示されている。中学校での「中心的な部分と付加的な部分」「根拠の適切さ」「論理の展開」へと繋がる初歩的な内容になっている。

　ウの事項では，表現について，「声の大きさや速さ」→「言葉の抑揚や強弱，間の取り方」→「資料を活用するなど」，基本的なことから高度なことの初歩までが想定されている。この事項に関する内容は，〔知識及び技能〕の「話し言葉と書き言葉」の事項にも取り上げられている。

　エの事項では，聞くことについて，「集中して」→「必要なことを記録したり質問したりしながら」→「話し手の考えと比較しながら，自分の考えをまとめる」となっており，中学校にも続く大事なことがほぼ登場する。

表7-1-1　話すこと聞くことの指導事項

	第1学年及び第2学年	第3学年及び第4学年	第5学年及び第6学年
話題の設定，情報の収集，内容の検討	ア　身近なことや経験したことなどから話題を決め，伝え合うために必要な事柄を選ぶこと。	ア　目的を意識して，日常生活の中から話題を決め，集めた材料を比較したり分類したりして，伝え合うために必要な事柄を選ぶこと。	ア　目的や意図に応じて，日常生活の中から話題を決め，集めた材料を分類したり関係付けたりして，伝え合う内容を検討すること。
構成の検討，考えの形成（話すこと）	イ　相手に伝わるように，行動したことや経験したことに基づいて，話す事柄の順序を考えること。	イ　相手に伝わるように，理由や事例などを挙げながら，話の中心が明確になるよう話の構成を考えること。	イ　話の内容が明確になるように，事実と感想，意見とを区別するなど，話の構成を考えること。
表現，共有（話すこと）	ウ　伝えたい事柄や相手に応じて，声の大きさや速さなどを工夫すること。	ウ　話の中心や話す場面を意識して，言葉の抑揚や強弱，間の取り方などを工夫すること。	ウ　資料を活用するなどして，自分の考えが伝わるように表現を工夫すること。
構造と内容の把握，精査・解釈，考えの形成，共有（聞くこと）	エ　話し手が知らせたいことや自分が聞きたいことを落とさないように集中して聞き，話の内容を捉えて感想をもつこと。	エ　必要なことを記録したり質問したりしながら聞き，話し手が伝えたいことや自分が聞きたいことの中心を捉え，自分の考えをもつこと。	エ　話し手の目的や自分が聞こうとする意図に応じて，話の内容を捉え，話し手の考えと比較しながら，自分の考えをまとめること。
話合いの進め方の検討，考えの形成，共有（話し合うこと）	オ　互いの話に関心をもち，相手の発言を受けて話をつなぐこと。	オ　目的や進め方を確認し，司会などの役割を果たしながら話し合い，互いの意見の共通点や相違点に着目して，考えをまとめること。	オ　互いの立場や意図を明確にしながら計画的に話し合い，考えを広げたりまとめたりすること。

（文部科学省『小学校学習指導要領解説　国語編』2018，30頁）

　オの事項では，話し合うことについて，「相手の発言を受けて話をつなぐ」→「目的や進め方を確認し，司会などの役割を果たしながら……意見の共通点や相違点に着目して」→「互いの立場や意図を明確にしながら計画的に話し合い，考えを広げたりまとめたりする」と示され，中学校での「合意形成に向けて」という表現はないものの，基本的なことはすべて目指されているといえる。

　言語活動例について見ていくと，指導事項で見てきたように，「話すこと」「聞くこと」「話し合うこと」が活動事例として示されている。特徴的なの

は，高学年の「インタビューなどをして必要な情報を集めたり，それらを発表したりする活動」である。インタビューは，高度な話し言葉能力を必要とするが，ここでは情報収集の方に重きがあると考えてよい。話をしながら知りたいことを聞き出すという取材の活動である。

　さて，ここまで，学習指導要領の内容を示してきたが，授業でどう取り上げるかは，さらに難しい話になる。まず，これまで示してきたことを知識として覚えることが学習のゴールではないという問題である。第6章の「Q1 話すこと・聞くことを学ぶ難しさとは何かを述べなさい」でも述べたが，自身ができているかどうかを認識すること自体が難しい。そういう学習内容であるから，モニタリングによる実態の対象化と課題を解決するための具体的な方略を示すことと，その方略が生かせる場の準備とをうまく組み合わせていくことが学習の成立に欠かせない。

参考文献

位藤紀美子監修（2014）『言語コミュニケーション能力を育てる ― 発達調査をふまえた国語教育実践の開発』世界思想社.

（田中智生）

Q2　話すこと・聞くことの力はどのように発達するかを述べなさい

1.「話すこと・聞くことの力」概念と「発達」概念の整理

　論じるにあたってまず確認しておきたいのは，発達という概念と，話すこと・聞くことの力を成長発達の視点から捉えることの相違である。「話すこと・聞くことの力」という概念は学力論の範疇にあり，教育的視点からの概念であるため，そこには成長という前提的な了解が存在している。一方「発達」とは心理学領域では「人間の心理的及び身体的側面を対象とし，「人間の誕生（受精）から死に至るまでの心身の変化」（武藤・子安，2011）とされており，発達は必ずしも成長を意味してはいない。ただし，学習が発達に密接に関わることは明らかである。これまでもヴィゴツキーの発達の再近接領域論や，ブルーナー（1963）の「発見的学習法が直感的思考の発達を助長する」等の指摘があり，学校教育を介した働きかけが発達を促進し，また児童の発達状態が学習内容の適時性に反映することは明らかである。このような発達と学習の相互作用関係を念頭に置いて学習をレイアウトしていくことで，「話すこと聞くことの力」の成長は促されるのである。

2.　児童期（小学校1年から6年）における発達の節目

　話すこと聞くこと話し合うこと（以下当該領域と記す）の力の発達は，児童の認知面，言語面，社会性の発達が関係している。認知面については，5歳後半ごろ，第二次認知革命が現れ，因果関係の理解・プラン能力・メタ認知が連携協働するようになり，仲間同士のコミュニケーション能力が向上し，説得や交渉が成立するようになるとされている（内田，2014）。

　また，9・10歳期に，メタ認知に関わる発達的変化がこの期を境として内的に生じるとされ，それによってプランニングや最適な方略の探索，自分の視点と他者の視点を区別した上で関連付けることができるようになる。つま

り，自分の考えと他者の考えを切り分けて捉え，自分との違いを内面で意識したり，どんな話し合い方をしたらいいだろうと一方で意識しながら話すことに取りかかれるのである。メタ認知の成熟を促して当該領域の力を伸ばすための適時期がここにある。

　言語面に関しては，7・8歳期に深まりをみせる一次的ことばとしての話しことばと，あらたに獲得される二次的ことばとしての話しことばと書きことばの三者が現れる（岡本，1985）。小学校低学年，とりわけ入門期にあたる学校教育へのスタート期の児童を取り巻く言語文化の変化を活かし，二次的ことばの成長を促すことが，この期の発達課題であろう。

　話し合う力を育てる際に留意すべき，他者との関係に関する社会性の面ではどうだろうか。友達とはどんな人かという問いに関して，低学年ではいつも遊ぶ人，自分に親切な人という回答が多く，中学年では互いに助け合う人，一緒にいたい人という内面に関わる意識が生まれ，高学年では，尊敬や共鳴によって精神的に結び付いている人という意識が生じてくるという（武藤・子安，2011）。これを配慮して，協同的に話し合う力を育てるには，低学年では仲良く楽しく話し合うことから始め，中学年ではお互いの知恵を合わせて話し合うことへ，高学年ではお互いの考えの交換による納得・啓発・共創が生じる話合いへ進み，社会における話合いの大切さと価値を体得することへ導いていきたい。また，学級での話合いにおける自己と他者との関係は，低学年においては累積的関係に始まり，中学年以降分離的関係も持てるようになり，高学年以降はそれらに加え，話題や話し合う目的などの諸要素を意識して話したり聞いたりすることも可能になり，協働して論理的探究を進める関係も成立する（位藤，2014，山本，2016）。自己と他者の関係の面から話し合う力の成長を促す学習活動を仕組む場合，低学年において累積的関係を促進するためには，友達の話を関心をもって聞き，つないで話す学習活動が効果的である。中学年で分離的関係を促進するには，自分と比べて聴いたり，自分と他者それぞれの考えや立場を対象化しながら意識して見つめるような話合い活動が効果的である。高学年に至っては，児童にとって話し甲斐のある話題や追究課題の解決を目指して諸々の条件や視点を検討しなが

ら協同的に話し合う活動が望ましいだろう。

　当該領域の成長は，生得的な発達上の節目の到来と，学習による知識・技能の獲得との相互作用によってもたらされると考えられるが，成長を促す第3の要因として，教師の働きかけによって生じる学級のコミュニケーション文化の形成も必要な要因である。学級の中に，そこにいることへの安心感・信頼関係・親和的雰囲気・仲間意識を形成することが，聞き合い話し合う力を育てる土台に必要である。この土台を築き，児童の認知面や社会性の発達を見据えながら，適時スキルの学習を挟み込んだ聞き合い話し合う学習活動をすすめていくことが当該領域の成長を促進することになる。この土台作りを意識し，学級生活全般にわたって絶えず継続的に支援指導することにより，「他者のことばを受容的に聞く」「相手にわかるように話す」「協同的に話し合う」力は育っていく。

　最後に，当該領域の力は個人差が大きい。そのため教師がそれぞれの児童の多様な個性を学級のコミュニケーション文化の中でいかしあう関係を築けるかが，児童一人ひとりの成長を教室で多響的に促していく際の要となることも配慮したい。

参考文献

J. S. ブルーナー（1963）『教育の過程』岩波書店.

位藤紀美子監修（2014）『言語コミュニケーション能力を育てる ― 発達調査を踏まえた言語教育実践の開発』世界思想社.

内田伸子（研究代表者）（2014）「乳幼児の論理的思考の発達に関する研究 ― 自発的活動としての遊びを通して論理的思考力が育まれる」『保育科学研究5』.

岡本夏木（1985）『ことばと発達』岩波書店.

無藤隆・子安増生編（2011）『発達心理学Ⅰ』東京大学出版会.

山元悦子（2016）『発達モデルに依拠した言語コミュニケーション能力育成のための実践開発と評価』渓水社.

（山元　悦子）

Q3 話すこと・聞くことの学習指導にはどのようなものがあるかを述べなさい

1. 独話指導の場合

　これについては，読むこと・書くこととの関連指導が有効である。例えば読むこと（理解）で話の構成を学ぶ機会があれば，書くこと（表現）にも活用するように，自己の知識を活用して，独話原稿を作成することや他者の話を聞いて理解することにいかすような指導が考えられる。

　また，日常的に教師側が構成を意識した話を提示し，常にモデルを示したり，聞く際にはメモを作成するように指示し，そのメモの書き方を段階的に高めていく（箇条書き→単語記述→単語相互の関係づける等）指導も有効であろう。

　あるいは，対話を考えた場合，心の中で「尋ねたいこと」や「共感的な言葉」を呟くように促し，イメージトレーニングを行うことも考えられる。そのことに慣れるということ，試してみることで実際場面で行動しやすくなる場合もある。

2. 話し合い指導の場合

（1）台本を作成して活用する

　教科書には，話し合いの展開や司会の役割，発言の仕方を示した台本スタイルの教材も載っている。話し合いの展開や司会の役割などを理解させるには適していると思うが，意見を検討しながら共通理解を深めていく過程については必要な思考を分割しながら示す必要がある。

　例えば，意見を検討しながら共通理解を深めていく過程には，意見相互を比較して違いを理解することや，意見相互を比較検討した後に分類整理すること，その場に出されていない視点を探すこと等の思考操作が必要になる。それを一度に全て行うことは難しいので，意見相互を比較する際に，どのよ

うな点に着目し，どのように考えていくのかについて，子どもの具体的なセリフで示し，その場面で進行している思考を示しているかについて解説をした台本を教材として作成してはどうだろうか。

　また，大村はまが生徒から考えを引き出す際に作成している「学習の手びき」のように，どのようなことを発言したらよいのか，どのようなことに着目して考えたらよいのかということを子どもの言葉で示し，それをもたせることで個々に考えをもつことができるように支援すると「意見がない，何を言ったらよいかわからない」という不安から解放することができる。

（2）必要な対応をキャラクター化した教材を作成する

　実際の話し合いの際には「確認」「検討」「整理」「関連付け」等の情報処理を一人の人間が瞬間的に行なっている。しかし話し合いを学び始めた子どもには一度にそれを行うことは難しいであろう。そこで，話し合いの具体を台本化し，そこに登場する人物それぞれに，必要な情報処理を担当させる。

　例えば，「発言内容を確認して，ズレのないようにしようとする」ことに特化して発言する人物を設定し，その人物の発言（例えば「仲間わけをするっていうことだけど，共通点でわけようということですよね」）を通して，発言のタイミングとその意図を学習する。そうした話し合いに必要な情報処理を担当する人物を4〜5名設定した台本を作成し，自身が親和性を感じる人物を演じさせたり，そうではない人物を演じさせることにより，話し合いに必要な情報処理を具体的なセリフによって体得させる。

　この教材作成や活用においても，最初から4〜5名でなく，2名1組を設定し，段階的に繰り返しながら次の段階や人数を広げるということも考えられる。例えば，「私は〜と思う」という自分の意見を述べた場合には，「なるほど，Aさんはそう思ったのだね。私は〜と思ったのだけど，今Aさんの言った〜って，〜っていうことかな？」などと受けながら，部分的に確かめるということである。

（3）「金魚鉢方式」を活用する

　これは話し合いをしているグループとそれを観察しているグループに分け，話し合いの実際を通して，発言内容や発言の関係性，タイミングを学習

するものである。発言1つ1つについて，「同意」「共感」「説明」「反論」などに分類し，聞いた側と発言した側で照合させると，自分の発言を客観的に眺めることや，発言をラベリングし整理しながら聞くことの学習になる。

　その過程で，自分が意図したものと異なっていた場合が発生するであろう。その場合こそが学びのチャンスであり，なぜ自分がそう判断したのかということを相互が考えるようにしたい。そこでは知識的な内容や，文脈の与える影響について考え直すことにもなる。また，自分が聞くときの傾向なども客観的に捉えることにもつながる。

3．段階的な指導

　話すこと・聞くこと・話し合うことは，音声言語であり，捉えにくい。教師がまとまりのない話を聞かせてしまうことや授業中に「話し合ってごらん」と気軽に指示することは避け，教師はモデルや教材として話を提示するという自覚や，目的を明確にした話し合い活動を設定するべきである。またその際には，安易に教室での既存のグループ（生活班など）を使うことなく，意見の類似した者や対立的な意見の者を集める等，柔軟な編成を行う。

　また，話し合い活動は極めて複雑な情報処理を必要とする。分析的な視点で話し合い活動を捉え，計画的に段階的な指導をする必要がある。

参考文献

若木常佳（2001）『話し合う力を育てる授業の実際 ― 系統性を意識した三年間』渓水社.

若木常佳（2011）『話す・聞く能力育成に関する国語科学習指導の研究』風間書房.

若木常佳・北川尊士・稲田八穂（2013）「話し合う力を育成する教材の研究「台本型『学習の手びき』にキャラクターを設定した場合」『福岡教育大学紀要』62, pp.87-95.

（若木常佳）

Q4　書くことの目標とはどういうものか

　書くことの指導目標は，学習指導要領において，ア：題材の設定，情報の収集，内容の検討／イ：構成の検討／ウ・エ：考えの形成，記述／エ・オ：推敲／オ・カ：共有の5つの学習過程に沿った観点から指導事項として取り上げられている。次頁の表7-4-1は，『小学校学習指導要領解説　国語編』（2018年）に整理して示されたものである。

　アの題材に関しては，「経験したことや想像したことなど」（低・中学年）→「感じたことや考えたこと」（高学年）となっている。情報の収集という点では，中学年で「集めた材料を比較したり分類したりして」，高学年で「集めた材料を分類したり関係付けたりして」伝えたいことを明確にすることが示されている。

　イの事項では，「事柄の順序に沿って」→「書く内容の中心を明確にし，内容のまとまりで段落をつくったり，段落相互の関係に着目したりして」→「筋道の通った文章になるように文章の構成や展開を考える」となっている。〔知識及び技能〕の「文や文章」の項目で段落の役割や文章の構成について言語活動領域を超えて共通に必要になるものとして示されていることにも配慮が必要である。

　ウ・エの考えの形成，記述では，自分の考えを明確にし，文末表現や文・段落のつながりに注意して記述の仕方を工夫する事項が示されている。題材の設定から続く，伝えたいものを表現する段階の指導事項で，学習者が伝えたいという動機をエネルギーにしてどうすれば伝わるのかを求める状況にできるかどうかが決め手になる。

　エ・オの推敲では，文章表現に欠かせない活動の基本となる事項が示されている。低学年で「読み返す習慣」が取り上げられていることの意味も大きい。間違いを正すことはもちろん，相手や目的に応じた表現を目指して，見直していく観点が学年に応じて加えられている。

表7-4-1 「書くこと」の指導事項

	第1学年及び第2学年	第3学年及び第4学年	第5学年及び第6学年
題材の設定,情報の収集,内容の検討	ア 経験したことや想像したことなどから書くことを見付け,必要な事柄を集めたり確かめたりして,伝えたいことを明確にすること。	ア 相手や目的を意識して,経験したことや想像したことなどから書くことを選び,集めた材料を比較したり分類したりして,伝えたいことを明確にすること。	ア 目的や意図に応じて,感じたことや考えたことなどから書くことを選び,集めた材料を分類したり関係付けたりして,伝えたいことを明確にすること。
構成の検討	イ 自分の想いや考えが明確になるように,事柄の順序に沿って簡単な構成を考えること。	イ 書く内容の中心を明確にし,内容のまとまりで段落をつくったり,段落相互の関係に注意したりして,文章の構成を考えること。	イ 筋道の通った文章となるように,文章全体の構成や展開を考えること。
考えの形成,記述	ウ 語と語や文と文との続き方に注意しながら,内容のまとまりが分かるように書き表し方を工夫すること。	ウ 自分の考えとそれを支える理由や事例との関係を明確にして,書き表し方を工夫すること。	ウ 目的や意図に応じて簡単に書いたり詳しく書いたりするとともに,事実と感想,意見とを区別して書いたりするなど,自分の考えが伝わるように書き表し方を工夫すること。 エ 引用したり,図表やグラフなどを用いたりして,自分の考えが伝わるように書き表し方を工夫すること。
推敲	エ 文章を読み返す習慣を付けるとともに,間違いを正したり,語と語や文と文との続き方を確かめたりすること。	エ 間違いを正したり,相手や目的を意識した表現になっているかを確かめたりして,文や文章を整えること。	オ 文章全体の構成や書き表し方などに着目して,文や文章を整えること。
共有	オ 文章に対する感想を伝え合い,自分の文章の内容や表現のよいところを見付けること。	オ 書こうとしたことが明確になっているかなど,文章に対する感想や意見を伝え合い,自分の文章のよいところを見付けること。	カ 文章全体の構成や展開が明確になっているかなど,文章に対する感想や意見を伝え合い,自分の文章のよいところを見付けること。

（文部科学省『小学校学習指導要領解説 国語編』2018年, 34頁）

　オ・カの共有では,共有活動の成果を自らの力に変えていくことができるかどうかが,文章表現力の伸長においても大きく影響する。何より,共有自

体が言語の中心的な機能である。

　どのような言語活動で上記の指導事項を達成していくかの例示では，すべての学年に説明的な文章，低・中学年に実用的な文章，中・高学年に文学的な文章が配置されている。必ずしも例示された言語活動に限定されるものではない。

　書くという言語活動には，他者に情報を伝え共有するという社会的機能（説明，報告，主張，手紙など）の他，書き表していくことで認識思考を整理し深めていくという個人的機能（構想表，下書き，日記，生活文など），書き表した作品が文化的に共有されていくという文化的機能（物語，詩，短歌，俳句，生活文など）を想定することができる。学習指導要領でもそれらの機能がバランスよく考えられているが，高学年に配置されている「事実や経験を基に，感じたり考えたりしたことや自分にとっての意味について文章に書く活動」は，文集活動などを通じて多くの学年で取り組まれてきたものであるし，繰り返されることの教育的意味も大きいことには留意したい。

（田中智生）

Q5 書くことの力はどのように発達するか

　書くことの学習では，様々な目的や状況に応じて適切な内容・形式を選んで書く力を育てることがめざされる。書き言葉に本格的に参入する小学校段階では，その土台となる力が発達する時期と捉えることができる。

1．低学年における書く力

　幼児期の言語表現は話し言葉から始まる。それは，状況的文脈に支えられており，その文脈を共有し，かつ自分のことをよく知っている人とのコミュニケーションとして成立している。小学校入学段階の子どもたちも同様に，読む者は自分の書いたものを自分と同じように理解するのだと信頼した状態で文章を書く。そのため，考えや思いの自由な流れに沿った，極めて連続的・連想的なものとなる。つまり，中心となる内容とそれ以外の内容を区別したり，意味内容のまとまりごとに段落をつけたり，理解を助けるための詳細な説明を補ったりといった組織立てた文章になることが少ないのが特徴である。

　現実の日常生活のことだけでなく，想像世界のことを書くことも多い。ある程度熟達した書き手や作家が想像世界を書く行為との大きな違いは，作家が意識的に想像世界をつくりあげようとするのに対して，この段階の子どもたちは意識して内容や書き方を選んでいるのではなく，自分中心的な目線から現実と想像を自由に行き来しているということである。

　この段階の子どもたちにとっては，書けるようになったことそれ自体が大切なことである。書くことそのものがうれしい経験であり，ひとまとまりの文章を書いたらそれだけで満足することが多い。そのため推敲意識はまだなく，直すために読み返すということも少ない時期である。

2．中学年における書く力

　学校教育や日常生活の中において様々な文章に触れたり学習したりする中で，文章を書く際の作法が身に付き始める。全体と部分に対する視点の使い分けや段落意識が生まれ，形式面でのまとまりが見え始める。低学年に比べて特に特徴的なのは語彙の増加である。語彙が増えることによって，具体的で客観的な記述ができ，取材範囲や見方・考え方も拡張する。さらにそれは書く分量の増加にもつながり，多くの内容を文章の中に取り入れながら書き続けることができる。

　こうした特徴は，この学年段階の子どもたちが「書き方」を身に付けつつある時期であることをよく表している。書くことで何をするのかという目的意識が少しずつ高まり，それを効果的に達成するために必要な「書き方」についての力が急速に伸びていく。ただし，まだ相手意識が薄いために，わかりやすく読みやすい，簡潔な文章へと整えることは少ない。

　また，自由に想像的な世界をつくりあげることへの苦手意識をもつ子どもが増加するのもこの時期である。ヴィゴツキーは，9歳頃から文芸創作をやめる子どもたちの様子を指摘し，それは自分の書いたものへの客観的な評価眼が育ち始めることを理由としてあげた。自分の頭の中で広がる想像世界を書き言葉にして残すことや，それを書き上げることそのものに満足していた時期から，えがきたい世界を表すのに適した形で書けているかどうかに意識が向く時期への変化だと捉えられる。

3．高学年における書く力

　新しく知った形式や書き方を使うことに注力していた時期から変化を見せ，そこに自分自身の考えや見方を少しずつ取り入れ始める。書く行為に浸っていた段階から少し距離を置き，自分の眼鏡を通して世界を眺めることで，書く内容にもそれぞれの個性が表れてくる。同時に，それを読む相手も視野に入れ始め，どのように書けばわかりやすいか，説得力をもたせることができるかという相手意識が芽生えてくる。目的意識もよりはっきりしてくるため，興味の赴くままに書いていた文章構想力にも変化が見られ，内容の焦点化・組織化も明確になり始める。

使用語彙には，日常生活語彙だけでなく，読書の中で目にした語や慣用句などの言語文化からの語彙が増加する。そのため，同じ内容を表現する場合でも，どのような言葉を選びどう並べるのがよいかといった言葉への意識が強まる。つまり，目的・相手を一旦脇において，言葉自体と向き合い言葉を吟味する時間をもちつつある段階である。言葉を使うことで現実とは違う世界を形作る力，つまり物語などの想像世界をつくるための，語彙や形式，構成を自分で判断して書く力が向上する。ただしそれは，生活語彙だけではない読書語彙にも浸った状態であることが前提である。そのため，物語などの創作は読書習慣や読む力によって発達の度合いに差が生まれる領域である。

　このようにして，書き言葉の世界に参入し始めた小学生は，自分中心で文脈依存的だった段階から，目的に応じた書き方の習得，相手への意識，文や言葉への意識を身に付けていく。それらの発達には，書くことの授業や作文のみならず，特に読むことの学習や日々の読書からの影響が非常に大きいことが窺える。

参考文献

国立国語研究所（1964）『小学生の言語能力の発達』明治図書出版.

Britton, J., Burgess, T., Martin, N., McLeod, A. & Rosen, H.（1975）. *The Development of Writing Abilities（11-18）,* Macmillan Education.

ヴィゴツキー著／広瀬信雄・福井研介訳（2002）『子どもの想像力と創造・新訳版』新読書社.

竹長吉正（2007）「児童写生作文力の発達研究」『埼玉大学紀要教育学部』56巻1号，pp.261-280.

（中井悠加）

Q6　書くことの学習指導にはどのようなものがあるか

　「書くこと」の学習指導について様々な方法知を知り得る前に，人間と表現の関係や人が文章を産出する原理について理解しておくことは方法知を有効に機能させる上で大切である。

1．人間と表現の関係，文章を生み出す過程に関わる原理

　森田信義（1989）は次のように述べている。「わたしたち人間は，生きているかぎり表現する存在であり，生きていることの証として表現し続けるのである。（中略）表現教育に従事するに先立って，わたしたちは，まず，この日常的行為である表現が，わたしたちの人間としての存在のしかたに深くかかわっているという事実を再認識しておかなくてはならない。」

　また，内田信子（1990）は次のように述べている。「作文過程では，表現したいこと（思想）にあわせてぴったりした表現を選びあてはめていくわけではない。作文における思想と表現の関係はすでにヴィゴツキーも指摘しているように，デパートで自分の身体のサイズにあわせて既製服を選ぶのではなく，はじめは身体の輪郭もはっきりせず，表現という布を切りとったり縫い合わせたりして形をつくり出す過程で，"あっ，そうか""アハー"と納得する主観的体験を経て，はじめて身体の実体がつかまえられるような関係なのである。」

　ここには個々の指導を真に有効なものとするために指導者としてよく覚えておきたい事項が述べられている。これらを理解した上で書くことの学習指導方法について考えていきたい。

2．書くことの学習指導

　「書くこと」の指導は，コース料理と同じように前菜とデザートが必要である。

「書くこと」の授業の第1時に「さあ，今日から『書くこと』の勉強に入ります。」と児童に告げるのは，既に前菜を飛ばしているに近い。「俳句以前」という言葉があるが，これも俳句を書かせる前の段階こそ重要だという意味である。前菜にあたる指導についていくつか例をあげてみる。

　○「書くこと」の学習に対する意欲，期待を高める指導。

　○「書こうとする」目的や相手，ゴールなど「書く場」を意識させる指導。

　○「書こうとすること」に関する情報の収集指導。

　○「読むこと」の学習との連関的指導。

　○「書くこと」に慣れ親しんだ生活習慣的指導。

　上記のいくつかを学習の第1時に入る前，例えば1週間前に話しておくだけでも，第1時は随分スムーズに出発できる。また，日頃から「日記」指導を続けているクラスでは「書くこと」が既に習慣化されている。「日記」で磨かれる「価値ある題材を発見する力」は一朝一夕には身に付かない力でもある。

　次にメインの「書くこと」の指導である。「書くこと」という活動は概ね「①題材の発見・設定」「②取材・選材」「③構成」「④記述・叙述」「⑤推敲・評価」「⑥共有」という過程を経る。もちろん「書くこと」は試着室で服を探すようなものであるから，きっちりこの通りに進むわけではない。しかし，これらの過程を児童，指導者ともに意識することで，指導は合理的で効果的になる。

　①の段階は「着想」「発想」段階（インベンション）などと呼ばれることもあるが，先に述べた通り事前の指導から始めるのがよい。よい題材は急には見つからないし，日頃から書き溜めておけば，題材を急ぎ見つける苦労からも解放される。児童の「書くこと」に対する悩みの上位には，常に「書くことが見つからない」というものがあることを指導者は理解しておく必要がある。

　「題材」も無事見つかり（あるいは指定され），②ではそれについて情報（つまりネタ）を集め，選別する。収集活動は自分の記憶のアルバムの中を検索してみるのはもちろん，学校図書館やインターネットの活用も考えられるし，マッピングやKJ法などで捻り出す方法もよく行われる。

　そしてこれらを線状に組み立てていくのが③構成段階である。構成指導は

ワークシートを使うのが想の可視化という意味でもよい。なお，ワークシートの形式（枠組み）の細部は，文種に合わせて工夫する必要がある。

　構成（構想）が決まったら④記述（叙述）である。いざ文章化しようとすると鉛筆が進まなくなる児童も多い。そこで④の段階に限らないが，カンファレンスの場を準備し，行き詰ったら適切なアドバイスで支援したい。書き出し例を示すのもエンジンを始動するのに有効な手段である。

　⑤の段階は推敲・評価の段階である。「書いたらよく見直しなさい。」というアバウトな声掛けはほぼ指導の効果がない。そもそも児童は書き終わった疲労感と満足感で推敲までエネルギーが回らない。その結果，35人分の推敲は全て指導者が行うことになり，児童よりも疲労困憊してしまうことはよく起こる。自力で推敲できる力を身に付けさせるためにも，指導には「推敲のチェックシート」等を準備し，推敲すべき観点を自覚させるのがよい。

　最後の⑥共有の段階はデザートにあたる。これこそが楽しみ，目標であるような場を仕組みたい。出版化（文集化）という方法は昔から行われてきたことであるが，何かしら児童の表現意欲を刺激する楽しい場を設けることで，ここまでの過程を突き進むエネルギーが児童の中に生まれる。

　なお，今紹介した指導法は1つのまとまりある文章を1から書きあげるための指導法である。これらとは別に様々な「書くこと」の指導法もある。例えば青木幹勇（1986）が『第三の書く』の中で紹介している「視写」「聴写」「書抜き」「書込み」「書足し」「変身作文」などは「読むこと」にも跨った「書くこと」の指導法である。

参考文献

内田信子（1990）『子どもの文章　書くこと考えること』東京大学出版会，
　　　　p.201-202.
森田信義（1989）『表現教育の研究』溪水社，p.1

（三藤恭弘）

Q7 文学的文章を読むとはどういうことか

1．社会的行為としての読むこと

　文学的文章を読むことは，社会的行為である。知識を増やしたり新しいことを学んだりするうえで社会的相互作用が大切だと考える学習理論は，そう考える。読書理論の入門書にはこうした考え方に基づく理論として，（1）社会言語学，（2）社会文化的理論，（3）社会的構成主義，（4）社会的学習理論，（5）批判的リテラシー理論，（6）批判的人種理論，（7）マルチ・リテラシーズ理論，以上7つが紹介されている（Tracey & Morrow, 2017）。

（1）社会言語学

　社会言語学の基本的な考え方は，ことばは人々の社会的なやり取りを通して学ばれるというものである。例えば，労働者階級の家庭の子どもが家でテレビを観るだけで人と交流が少ないとする。そういう子どもにとって，いきなり学校で文学的文章を読み，話し合うことは難しいだろう。

（2）社会文化的理論

　社会文化的理論は，社会言語学が言語に焦点を当てるのに対し，より広く文化という観点から人々の相互作用と学習を考える。つまり，読むことの学習が上手くいっているか否かも，単にあの子は労働者階級の子どもだから家庭で多様な語彙に触れる機会が少ない，といった理由だけでなく，学校と家の関係，地域，生まれた国，歴史・文化という観点からみるのである。例えば，サイプ（Sipe, 2008）では，黒人園児が静かに座って聞くという文化をもっていなかったがゆえに，白人の先生による絵本の読み聞かせに参加できない状況が生じていたことが報告されている。

（3）社会的構成主義

　社会的構成主義は，1人ではできないことでも上手くできる人と一緒にやればできることがあり，それこそが最適な学習だと考える。読むことの学習で言えば，小グループで他の児童と一緒に読み，彼らの解釈を聞くことで新

たな読みが生まれたり1人では読めない文学を教師が導きながら一緒に読んだりすることに意義を見いだすことになる。トレーシーとモロー（Tracey & Morrow, 2017）では，1人で読むグループ，パートナーと読むグループ，テープを聞いてそれに続けて読むグループ，以上3つに分けて指導を行う方法が紹介されている。

（4）社会的学習理論

社会的学習理論は，自分が経験することよりもまずは他の人の行動をみることを重視し，学習を (1) モデルをみる，(2) みたことについて考える，(3) みたことをやってみる，(4) 繰り返し練習する，以上4つの過程で捉える。文学の読みも，まずは他の人がどう読むかをみることから始めることになる。教師が本を読みながら思ったことや考えたことを声に出して子どもたちに聞かせる「考え聞かせ」は，この理論に基づく。

（5）批判的リテラシー理論

批判的リテラシー理論は，個人と読み書き能力，社会的地位の変動を変えることに焦点を当てた理論である。つまり，本を読めないことは本人のせいではなく，不平等な社会が作り出したとみる。また，作文や文学の授業もこのような社会を変えるための手段と考える。この理論によれば，「かさこじぞう」も「お正月にもちこも買えない人を作り出してしまっている社会」を考えるためのテクストとして読むことができるだろう。

（6）批判的人種理論

批判的人種理論は，批判的リテラシー理論と類似する考え方だが，社会的不平等をもたらす要因の中，特に人種に着目する。つまり，白人優位の状況に異議を唱え，有色人種が不利益を被っている状態の是正を目指す理論である。これは，日本でも決して無縁のことではない。例えば，2020年5月，警官によるクルド人男性への暴行事件が起きたが，これは白人相手でも起きたことだろうか。社会的マイノリティの声を聴きとる行為として，文学を読むことを批判的人種理論は示唆する。

（7）マルチ・リテラシーズ理論

マルチ・リテラシーズ理論は，2000年頃にコネチカット州の研究者集団

ニューロンドン・グループによって提案された。電子媒体・オンライン環境で求められる読みのスキル，これまでと読み書き能力がどう変わるかに関心を寄せる。iPadやKindleで文学を読むことはごく普通に行われているし，OECDの生徒の学習到達度調査（PISA）も2015年からはコンピュータを使用して読解力を問うようになった。また，「ものすごくうるさくて，ありえないほど近い」（ジョナサン・サフラン・フォア）など，写真を使ったり表記の工夫をしたりした，従来の読むスキルだけでは読めない文学作品が新たに登場し続けている。マルチ・リテラシーズ理論は，文学という概念も読むという概念も日々変わり続けていることを示唆する。

2．ラデルとアンラウの教室の読書モデル

社会的行為として文学の読みを捉えると言っても，そこには様々な読書理論がある。ここではとくに教室で文学を読むという社会的行為に着目して，ラデルとアンラウ（Ruddell & Unrau, 2013）の読書モデルを取り上げる。

彼らの読書モデルの特徴は，教室の読書を図7-7-1のように，読者，教師，クラスメイトという3つの構成要素で捉えた点にある。つまり，教室の読者は，文章だけでなく，教師と教室共同体のネットワークに反応する力も必要なのである。また，個々の読者の読む力はもとより，教師が読むことや知識をどう捉えているかが大きく影響する。

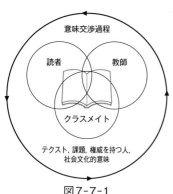

図7-7-1
ラデルとアンラウの読書モデル

ラデル（Ruddell, 1994）は，「アレクサンダとぜんまいねずみ」（レオ・レオニ）の話し合いについて，2つの事例を比較した。一方の教室では，アレクサンダがむらさきの石をみつけた場面はどこかなど，本文中に答えがある事柄について問答形式で話し合った。もう一方の教室では，ウィリーが本物のねずみになった後，どちらがアレクサンダでどちらがウィリーかという本文中に答えがない事柄に

ついて探究的に話し合った。仮に，児童が文学を深く読む力をもっていて
も，前者の教室でその力を発揮することは難しいだろう。

　さらに，教室の読書は教材や教師だけでなく，机や椅子の配置などの環
境，教師が授業をどう組織するかという教室構造，要約などの学習課題，
解釈において権威をもつのは誰か，学校をどういうものとして捉えるかと
いう社会文化的意味，教室談話の種類など，様々な要因も含めて捉える必
要がある。

　したがって，教室の読者は，読むことへの動機，既有知識など個人の要因
に加えて，教師や先にあげた様々な要因に影響を受けながら教師やクラスメ
イトと意味交渉し，自分なりの理解を作り上げていくのである。さらに，一
度作りあげられた理解は，対話を通じて絶え間なく更新され続けなくてはな
らない。教室で文学を読むとはそういう行為である。

参考文献

Ruddell, R. B. (1994). The development of children's comprehension and motivation during storybook discussion. In R.B. Ruddell, M.R. Ruddell, & Singer, H. (Eds.), *Theoretical models and processes of reading* (4th ed., pp.281-296). Newark, DE: International Reading Association.

Ruddell, R. B. & Unrau, N. J. (2013). Reading as a motivated meaning-construction process: The reader, the text, and the teacher. In D. E. Alvermann, N. J. Unrau & R. B. Ruddell (Eds.), *Theoretical models and processes of reading* (6th ed., pp.1015-1068). Newark, DE: International Reading Association.

Sipe, L. R. (2008). *Storytime: Young children's literary understanding in the classroom.* New York: Teachers College Press.

Tracey, D. H. & Morrow, L. M. (2017). *Lenses on reading: An introduction to theories and models.* New York: The Guilford Press.

（勝田　光）

Q8　文学的文章の教材研究法にはどのようなものがあるかを述べなさい

1. 「主体的・対話的で深い学び」の授業の基盤になる教材研究

　平成29年改訂学習指導要領において，「主体的・対話的で深い学び」のある授業を実践することが求められるようになった。「主体的・対話的で深い学び」を実現するための授業の構想や発問を考えるうえで，教材研究は基盤になる。学習指導要領の「読むこと」領域の指導事項に，「構造と内容の把握」が提示されている。子ども達に読み深める力を付けさせることを視野に入れて教材研究をする際，文学的文章の〈構造〉と〈内容〉をとらえられる基本的な4つの読みの視点を取り上げたい。

2. 〈構造〉の観点から文学的文章の教材研究をするための読みの視点，「主人公が変容するところ」に着目する視点

　物語や小説では主人公が何らかの出来事に出くわし，変化をとげるのが通例である。物語（小説）の法則を重視して，浜本純逸（1996）は「物語の読みでもっとも大事なのは，『何が，どのような状況で，何に出会って，どう変わったか』を捉えることである」と指摘する。とりわけ主人公が大きく変容する「変換点」に着目して読むと，子ども達は作品の展開や構造を踏まえて，自分なりに意味付けた〈読み〉の構築ができるようになる。

　『海の命』（立松和平作）の主人公の「太一」が大きく変容するのは，「海の命」を象徴する瀬の主のクエの命を奪ったら，海とともに生きることはできないと考え，海とともに生きる道を選び取るところである。作品構造の観点からいうと「クライマックス」にあたる場面になる。この場面で，「太一」は父親の死を乗り越えて，父親の敵を討つことの執着心から解放され，「本当の一人前の漁師」として生きるアイデンティティーを獲得する。「本当の一人前の漁師」から「村一番の漁師」になるまでの，一人の人間として成長

する「太一」の生き様が描かれている。つまり，『海の命』では，「太一」の「変換点」を踏まえて〈読み〉を生みだすことが要点になる。

3. 〈内容〉の観点から文学的文章の教材研究をするための読みの視点

（1）「対比」に着目する視点

　対比は，2つのものを比べてみることで両者の違いや特徴などを明確にするための視点であり，文学的文章の基本的な読み方である。例えば，レオ・レオニ作の『スイミー』では「ちいさなさかなたち」と「まぐろ」について，大きさの対比（小さい⇔大きい），数の対比（たくさん⇔少ない），強さの対比（弱い⇔強い）という対比の視点で読むことによって，「小さくて数は多いけれども弱いもの」（＝ちいさなさかなたち）が「大きくて数は少ないけれども強いもの」（＝まぐろ）に打ち勝つという主題が明確になるのである。『スイミー』は小学校低学年の教材であることから，対比は低学年の子どもたちに習得してほしい基本的な読みの視点であることがわかる。

　対比の視点は，低学年のみならず中学年・高学年の子どもたちにとっても文学的文章を読む上で大切な読みの視点になる。

（2）「色」に着目する視点

　小学校の文学的文章を読み深めるために，色に着目する読み方は有効である。『スイミー』では，黒色の小さな魚の「スイミー」が大魚の目の役目をすることで，まぐろを追い出すことに成功する。黒（一匹のスイミー）⇔赤（小さい魚たちの群れ）という色の対比を生かすことで，スイミーたちは「海でいちばん大きな魚」になることができた。

　また，『サーカスのライオン』（川村たかし作）のいくつかの実践研究によると，燃えるアパートにいる「男の子」を助けるために炎の中に飛び込み，命を落としたライオンの「じんざ」を「かわいそうなじんざ」と受けとめる子どもが少なからずいることが報告されている。このような子ども達は，「じんざ」が「ぴかぴかにかがや」いて「金色に光」っている姿になったことを読み落としている。「じんざ」の「ウォーッ」という叫びによって「男の子」は救出されるのだが，「じんざ」は犠牲になってしまう。それでも

「男の子」を助けたいという「じんざ」の願いは達成できた。「じんざ」の光り輝く金色は，「じんざ」の達成感や満足感を表す色である。色に着目して読むと，「かわいそうなじんざ」という読みにはならないであろう。

（3）「反復表現」に着目する視点

反復表現とは，同じ表現が繰り返されている技法である。『初雪のふる日』（安房直子作）では，「うさぎ」の歌が反復されているところに特徴がある。しかし，「うさぎの白は，雪の白」という歌詞は，次第に「うさぎの白は，春の色」や「よもぎの葉っぱのうらの色」の歌詞へと変わる。ここにこの作品の特徴を見出せる。同じ白色でも，最初は「女の子」を凍死させ生命を奪う雪の色であったのだが，春を表象する「よもぎの葉っぱのうら」の色や，生命が宿る春として温かさや生命力を象徴する白色へと変化する。「死」を象徴する白色→「生」を象徴する白色へと変わるのである。次第に生命力を象徴する白色へと変化する「うさぎ」の歌は，物語の最後で，主人公の「女の子」が無事に「〈生〉の世界」（＝現実の世界）に戻ることができる伏線となっている。反復される「うさぎ」の歌には，この物語の展開が示唆されている。

安房直子の特徴のひとつに，作品の中に歌がよく出てくることが挙げられるが，反復されている表現には何かしらの意味があることを念頭に入れて読むようにしたい。安房作品に限らず作品を読み深められる視点になる。

参考文献

浜本純逸（1996）『文学を学ぶ・文学で学ぶ』東洋館出版社.
中野登志美（2019）「安房直子『初雪のふる日』の教材研究 ― 宮沢賢治『水仙月の四日』の比べ読みから生まれる読みの有用性」『論叢国語教育学』（15）.

（中野登志美）

Q9　説明的文章を読むとはどういうことか

1．各学年段階で目指したい説明的文章の読みの姿

（1）一般的な説明的文章の読みの姿

　説明的文章を読むとは，筆者が読み手に伝えたい結論に向けて，どのように事柄を選び，それらを関係付けて論理を展開させているのかを吟味し，そこに表れた筆者の世界の見方・考え方に出会うとともに，自らの見方・考え方を作りあげていく営みである。しかし，こうした読みの姿はあくまでも一般的な捉え方であり，実際の姿は児童の発達段階によって変わってくる。

（2）知識や経験と重ね合わせて論理を理解する～低学年～

　低学年の児童が文章全体の論理の展開を吟味し，筆者の見方・考え方を自覚的に探っていくことは難しい。ここでは，その前段階として，一つひとつの事柄同士の関係（論理）それ自体を理解していくような読みを目指したい。

　小学校１年生の入門教材に「くちばし」（光村図書小学１年上，平成31年文科省検定済）という文章がある。きつつき・おうむ・はちどりという三種類の鳥の嘴について解説した文章である。各部分は「①先が鋭く尖った嘴です。」「②これは，何の嘴でしょう。」「③これは，きつつきの嘴です。」「④きつつきは，尖った嘴で，木に穴をあけます。」「⑤そして，木の中にいる虫を食べます。」という５文から成り立っている。

　①は嘴の形を提示する文であり，②は問いである。③は問いへの答えであり，④，⑤は餌の取り方を解説した部分である。授業では，各文の働きを整理し，②，③が問いと答えの関係にあることを確認することが多い。だが，これは文章の型を把握しているだけであって，論理を理解しているとは言えない。教材文では，木に穴をあけて虫を食べるために，なぜ嘴が尖っていなければならないのかは書かれていない。児童が論理を理解するとは，そうした両者の目的－手段関係を自らの知識や経験によって補うということである。

　そのためには，これまで蓄えてきた鳥や嘴の形についての知識を用いたり，

錐などの身近な道具からの類推を行ったりしながら，きつつきの嘴が尖っていなければならない理由を想像していくことである。知識や経験と重ね合わせて論理を理解する力を養っておくことが，その後の学年段階の土台となる。

（3）論理の展開に表れた筆者の見方・考え方に迫る～中学年～

中学年は自他の違いを強く意識し始める時期である。ゆえに，この段階頃から，自分とは違う筆者の存在を意識し，論理の展開に表れた見方・考え方を探っていくような読みが可能になっていく。

小学校３年生に「自然のかくし絵」（東京書籍小学３年上，平成31年文科省検定済）という教材がある。冒頭で「昆虫は，保護色によって，どのように敵から身を隠しているのでしょうか。」と問いを提起し，「羽裏の色や形が枯れ葉そっくりなコノハチョウ」→「自分の体と似た色の場所を選んで過ごすトノサマバッタ」→「場所に応じて体の色が変わるゴマダラチョウ」という順序で例が挙げられている。ここには，身を守るための仕組みが徐々に高度になっていく事例の順序が見られ，昆虫の生態に対する筆者の驚きを読みとることができる。だが，この教材はここで終わりではない。「ところが」という逆接表現を用いて，どんなに自分の体と同じ色の場所に隠れたとしても，昆虫が動いた時には天敵に見つかってしまうことが指摘されるのである。

筆者の結論は「保護色は，どんな場合でも役立つとは限りませんが，敵に囲まれながら昆虫が生き続けるのに，ずいぶん役立っているのです」というものであるが，筆者は保護色の有用性のみを伝えたいわけではないだろう。先に見た事例の順序や逆接の述べ方からは，昆虫の生存環境の厳しさや，それを生き抜く術を編み出した昆虫への畏敬の念をも伝えようとしていることが読みとれるのである。

このように，論理の展開に表れた筆者の見方・考え方に迫る読みとは，筆者がなぜその事柄を選び，そのような述べ方をしているのかを吟味することで，言葉には表れない筆者の思いをも読みとっていくことである。

（4）筆者を乗り越えて自分の見方・考え方を作りあげる～高学年～

高学年の教材では，低・中学年のように身の回りの事物を解説するばかりではなく，特定の行動や考え方の大切さを主張する文章が多くなる。筆者の

見方・考え方を理解するのみならず，それを乗り越えて自らの見方・考え方を作りあげていく読みを目指したい。

　ともに平和問題を扱い，異なる主張を述べた教材として，「国境なき大陸南極」（学校図書小学6年下，平成26年文科省検定済）と「未来に生かす自然のエネルギー（東京書籍小学6年，平成26年文科省検定済）がある。前者は，筆者が南極を訪れた時の経験をもとに，平和を守るために「愛地球心」をもつことの大切さを主張した文章である。後者は，人々の争いの背景にはエネルギー問題があることを指摘したうえで，日本における再生可能エネルギーの開発例を紹介し，日々のエネルギー利用を控えながら徐々に再生可能エネルギーへと切り替えていくことの必要性を主張した文章である。

　これら複数の文章を並べてみると，平和問題の解決には複数の方法が必要であり，一人一人の筆者の主張だけでは十分でないことは明らかである。「はたして，『愛地球心』をもつだけでよいのだろうか（再生可能エネルギーを開発するだけでよいのだろうか）」を問い，自分ならばどう問題を解決するのかを考えていく必要があるのである。

　このように，説明的文章の読みが目指す最終地点は，一人一人の筆者の見方・考え方を相対化し，自らの見方・考え方を作りあげていく読みである。

2．おわりに

　本稿で示した読みの姿は各学年段階で目指したい姿を示したものであり，実際の児童の読みの過程では多くの困難が見受けられる。目指したい読みの姿に向けて，児童の困難を捉え，それを乗り越えるための手立てを講じるのが国語科授業の場である。その詳細については，第6章「Q9児童が説明的文章を読む難しさとはどのようなものかを述べなさい」，第3章「Q9説明的文章の指導法にはどのようなものがあるか」を参照のこと。

参考文献

河野順子（2006）『〈対話〉による説明的文章の学習指導』風間書房.

河野順子他（2008）『入門期の説明的文章の授業改革』明治図書出版.

（古賀洋一）

Q 10 説明的文章の教材研究法にはどのような ものがあるかを述べなさい

1．教材研究の柱と課題

　教科書の教材研究は，次の4つの柱から成る（塚田泰彦，2009）。

（1）素材研究……教材文の素材としての特質を，表現面・内容面双方から表現特性などに注目して分析する。

（2）教材分析……素材研究をもとに教育の目的や価値，学習者の実態などの観点からその文章が教材としてもっている価値を選択・決定する。

（3）指導法研究……教材価値と認められたいくつかの表現内容や学習すべき言語技能，言語活動をどの順序でどこにどの程度比重を置いて指導するか，実践計画を立てる。

（4）反応研究……児童生徒が示す反応について，事前調査や授業記録等からどう教材研究・指導法研究に活用するかを考える。

　ただし学習科学の知見によれば，読みの力とは日常生活にある〈個別の具体的な状況下での，読解方略の適用と自己調整〉である。教科書教材の理解はそれに至る通過点に過ぎず，教科書以外の素材の教材化研究も大切である。教材化研究の今後の課題を柱ごとに挙げると，次のように指摘できる。

　（1）に関して……メディアリテラシーやマルチモダリティの見地から，音声・文字のほか，図表，挿絵，写真等との関連も考慮して発掘したい。

　（2）に関して……分析結果の全てを授業化するのでなく，教育の目的・価値，学習者の実態をもとに，観点を絞ってから分析にあたりたい。

　（3）に関して……説明的文章の読みの内容には論理学的，修辞学的，言語学的，認識論的の4観点があり，近年は非形式論理学の観点から論理を「論証」として観察する流れがある一方，要旨を捉え文章構成を把握し表現の工夫を捉えるだけでは「論証」の理解に到達しない（間瀬茂夫，2017）。「論証」をロジックとレトリックの両面から捉えさせる指導法を探りたい。

（4）に関して……説明的文章の教科書教材は，丁寧に書き下ろされ誤りがない。だが，読解方略の日常への適用をめざすなら，誤りや誇張など問題点も多い日常の素材で見せる学習者の反応をこそ，授業に組み入れたい。

２．課題に応える教材研究法の例

教材研究法は種々あるが，以下には１の課題に応えうるものを例示する。

（１）素材研究法

森田信義（2010）は「教師による教材の確認読みと評価読みの観点」として表7-10-1を示した。この観点は，教科書教材本文だけでなく，本文と図版との関係を吟味する際，また教科書外教材の発掘にも有効であろう。

なお森田は，全観点を常用するのでなく，特定部分や全体の分析か，教材研究に行き詰まる場合に原因と解決方法を探る際の利用を説いている。

表7-10-1

> Ⅰ　ことがら・内容選びの工夫（どのようなことがら・内容を書いているか）
> 　(1) 必要十分なことが選ばれているか
> 　(2) 不要なことがらは混入していないか（あるとすれば，どのようなことか）
> 　(3) かたよりはないか（あるとすれば，どのようなかたよりか）
> 　(4) 欠如したものはないか（何が欠落しているか，なぜか）
> 　(5) 重複はないか（あるとすれば，どのような重複か）
> Ⅱ　表現の工夫
> 　(1) 言葉選びに厳密さがあるか（どのように）
> 　(2) 用語，術語は正確か（どのように）
> 　(3) 思考の単位としての段落に正確さと工夫があるか（どのように）
> 　(4) 段落に工夫の余地はないか（どこを，どのように）
> 　(5) 表現に遊びはないか（どこに）
> 　(6) 文体に工夫があるか（どのように）
> 　(7) 論理構造の指標となる語にどのようなものがものがあり，問題はないか（どこが，どのように）
> Ⅲ　論理展開の工夫（どのようなことがら・内容相互の関係を作り上げているか）
> 　(1) 論理構造は把握しやすいか（なぜか）
> 　(2) 論理構造に個性があるか（どのような個性か）
> 　(3) 事例と，判断，主張，意見の間に矛盾はないか（あるとすれば，どのような矛盾か）
> 　(4) 提起された問題・課題が合理的に解明，実証されているか（どこで，どのように）

（森田信義（2010），pp.152-153.）

（2）教材分析法

「カリキュラム・マネジメントに資する教材研究」として田中智生（2019）は，同時期の教科書会社の異なる説明的文章教材を横断的に比較することと，学習者が使用する教科書教材を通時的に並べて見ることを提案する。この方法は，当該教材固有の価値や特徴，教科書全体に占める相対的位置，学習者の課題との親和性などを，指導者が把握しやすい簡便なものである。

（3）指導法研究法

吉川芳則（2013）は，小学校教材に顕著に観察されるイメージ性（描写，比喩等）・ストーリー性（文中人物や筆者の登場）等の修辞的要素も，教材の特性をみる観点に位置付ける。その上で，学習活動の観点，立場（主体的読者，筆者），具体的方法（手紙・メッセージ，解説，会話，絵画，表）と教材・教材価値の選択とを相互に関係付けつつ授業を構想する必要性を説く。

（4）反応研究法

澤本和子は文学教材も対象に，「教材再研究」や「授業リフレクション研究」と称して，教育工学的データ分析や指導者・学習者等の記述を通し教材研究を循環発展させる方法を実践している（澤本和子ほか〔2011〕等）。

参考文献

吉川芳則（2013）『説明的文章の学習活動の構成と展開』渓水社.

塚田泰彦（2009）「教材・学習材の研究と開発」全国大学国語教育学会編『国語科教育実践・研究必携』学芸図書，pp.74-82.

間瀬茂夫（2017）『説明的文章の読みの学力形成論』渓水社.

森田信義（2010）「説明的文章教育の研究」森田信義・山元隆春・山元悦子・千々岩弘一『新訂国語教育学の基礎』渓水社，pp.128-181.

澤本和子・国語教育実践理論研究会（2011）『新提案 教材再研究』東洋館出版社.

田中智生（2019）「カリキュラム・マネジメントに資する教材研究 ── 小学校・説明的文章のばあい」『岡山大学国語研究』33，pp.72-65.

（舟橋秀晃）

Q 11 国語科における「知識・技能」教材をどのように構成するかを述べなさい

1．授業改善に関する配慮事項との関連

　学習指導要領の第4章の「1　指導計画作成上の配慮事項」には次のようにある。すなわち，「〔知識及び技能〕の各事項については，〔思考力，判断力，表現力等〕に示す事項の指導を通して指導することを基本とし，必要に応じて，特定の事項だけを取り上げて指導したり，それらをまとめて指導したりするなど，指導の効果を高めるよう工夫すること」と。

　〔知識及び技能〕の各事項は，基本的には「A話すこと・聞くこと」「B書くこと」「C話すこと」の各事項と適切に関連付けながら指導することとされている。「A話すこと・聞くこと」「B書くこと」「C話すこと」の事項を指導目標とする単元においては，主たる教材もその目標を見据えて構成される場合が多い。

　ただし「必要に応じて，特定の事項だけを取り上げて指導したり，それらをまとめて指導したりするなど，指導の効果を高めるよう工夫すること」も認められている。この場合には〔知識及び技能〕の各事項を指導目標として，そのための教材を構成することになる。

　また，上述の配慮事項は次のようにも言う。すなわち，「第1章総則の第2の3…（中略）…に掲げる指導を行う場合には，当該指導のねらいを明確にするとともに，単元など内容や時間のまとまりを見通して資質・能力が偏りなく育成されるよう計画的に指導すること」と。これは「10分から15分程度の短い時間を活用した指導」を行う場合について言及したものである。「短い時間を活用した指導」においても機械的な学習にならないよう，「思考力，判断力，表現力等」についてバランスよく育成することが求められている。〔知識及び技能〕の特定の事項について取り上げて指導するための教材構成を考える場合には，その点に注意する必要がある。

2．「知識・技能」各事項の教材

（1）言葉の特徴や使い方に関する事項

　入学間もない時期の，仮名，音節，アクセントに関連する指導などは，特定の事項を取り上げて行われる指導の典型的な例であろう。教科書出版各社とも，独立した単元として教材化を図っている。

　それ以外の，「話し言葉と書き言葉」「語彙」「文や文章」「言葉遣い」「表現の技法」などの事項は，「Ａ話すこと・聞くこと」「Ｂ書くこと」「Ｃ話すこと」の各事項と関連付けて指導するように計画されることが多く，教科書において１つの単元として扱われる例は少ない。

　たとえば，「文や文章」の「カ 主語と述語との関係，修飾と被修飾との関係，指示する語句と接続する語句の役割，段落の役割について理解すること」（第３・４学年），「カ 文の中での語句の係り方や語順，文と文との接続の関係，話や文章の構成や展開，話や文章の種類とその特徴について理解すること」（第５・６学年）や，「言葉遣い」の「キ 丁寧な言葉を使うとともに，敬体と常体との違いに注意しながら書くこと」（第３・４学年），「キ 日常よく使われる敬語を理解し使い慣れること」（第５・６学年）などは，教科書では見開きのコラムのような形で内容が説明されたり，巻末の付録でさらに補足的に解説されたりする場合が多い。これらはあくまでも領域の指導と関連付けた指導に活用することを前提とした，補助的な教材として位置付けるべきである。

（2）情報の扱い方に関する事項

　「情報と情報との関係」「情報の整理」のいずれの系統の指導事項も，独立した単元としてではなく，「Ａ話すこと・聞くこと」「Ｂ書くこと」「Ｃ話すこと」の各事項と関連付けて指導するように計画される傾向にある。典型的には説明文を読んだり，報告や記録などを書いたりする単元の中での指導が考えられる。

　教科書でもそうした想定の下，それに見合った説明文などが用意されている。もとより「共通，相違，事柄の順序など」（第１・２学年），「考えとそれを支える理由や事例，全体と中心など」（第３・４学年），「原因と結果など」（第５・６学年）の関係について理解することは，まったく新しい学習内容と

いうわけではない。むしろ，共通，相違，主張とその理由，原因と結果など，教材の内容と発達段階にあわせて，指導事項を選択することが重要となるだろう。また，「比較や分類の仕方，必要な語句などの書き留め方」（第3・4学年），「図などによる語句と語句との関係の表し方」（第5・6学年）の理解についても，その単元で行われる言語活動の内容によって指導事項を選んでいくことになるだろう。

（3）我が国の言語文化に関する事項

「伝統的な言語文化」の指導事項は，「昔話や神話・伝承」「言葉遊び」（第1・2学年），「易しい文語調の短歌や俳句」「ことわざや慣用句，故事成語など」（第3・4学年），「親しみやすい古文や漢文，近代以降の文語調の文章」「古典について解説した文章」（第5・6学年）などに親しんだり，知ったりすることを求めている。

それぞれに教材として定着し，教科書でよく目にする作品も少なくない。「昔話や神話・伝承」としての「いなばのしろうさぎ」，「易しい文語調の短歌や俳句」としての松尾芭蕉，与謝蕪村，小林一茶，正岡子規の俳句，百人一首の和歌，「親しみやすい古文や漢文」としての「竹取物語」「枕草子」「平家物語」「奥の細道」の一節や狂言，また「論語」の一節や漢詩「春暁」などである。それぞれがそのジャンルを知る上で重要な作品であり，難易度からも妥当な選択がなされていると言える。一方，「近代以降の文語調の文章」や「古典について解説した文章」についてはさらに新しい素材を見いだす余地もあるだろう。

また，ことわざや慣用句，故事成語などは意味を知るだけでなく，実際に使うことができるよう配慮した学習を前提として，教材化を図ることが重要となる。

参考文献

大熊徹・山室和弥・中村和弘（2014）『国語科授業を生かす理論×実践』東洋館出版社.

（島田康行）

Q 12　文法指導教材をどのように構成するか

　初等教育における文法指導は，機能文法，つまり児童が実際に行う言語活動を想定し，その運用と関連をもつ文法論を中心に構成される。以下，1．では機能文法の中でも，他領域における言語活動に文法を生かそうとする教材，とくに（1）「読むこと」，（2）「書くこと」に生きる文法指導教材の一例を示す。2．では，機能文法の中でも文法的意識をもつことを重視する教材の一例を示す。

1．他領域における言語活動に文法を生かそうとする教材

（1）「読むこと」に生きる文法指導教材

　「読むこと」に生きる文法指導教材を構成する際には，実際の読む活動に即しながら，別の文章を読むときにも生きる知識となるように教材を構成することが大切である。一例を挙げれば，小学校の説明的文章に関連する文法事項には次のようなものがある。
・理由を述べる表現：「〜のです」「〜からです」
（「たんぽぽのちえ」光村図書小学2年生用教科書上巻（2019年版））
・定義を行う表現：「私はこれを〜とよんでいます」「〜とは，〜のことです」
（「時計の時間と心の時間」光村図書小学6年生用教科書（2019年版））
　これらの文法事項は，実際の教材文にも表れているものである。また，理由や定義を表す表現は，当該の教材文以外の文章を読むときにも役立つ知識である。たとえば「〜のです」「〜からです」といった表現であれば，①理由を表す箇所に「〜のです」「〜からです」が用いられることに加えて，②「〜のです」「〜からです」に注目することで，理由が書かれている箇所を解釈しやすくなるということを指導できる。このように，「読むこと」に生きる文法指導教材は，具体的な教材文に依拠しながら，他の文章の解釈にも生きるように指導する必要がある。なおこの際には，できるかぎり他の学年に

おける文法事項についても見通しをもつことが望ましい。そのうえで，各学年でどのような内容を，どのような目標のもと指導していくかという文法指導の体系をもつことが望ましい。

（2）「書くこと」に生きる文法指導教材

「書くこと」に生きる文法指導教材を構成する際にも，児童が実際に書く活動に即しながら，実際の表現活動に生きる知識となる必要がある。

このような教材の開発について参考になるのが，光村図書小学4年生用教科書上巻（2019年版）における「つなぎ言葉のはたらきを知ろう」というコラムである。このコラムは，学習者に以下のような問いを投げかける。「つなぎ言葉は，話し手や書き手の気持ちを表すことがあります。次の（　　）に，『だから』『しかし』を入れると，どのような気持ちのちがいが現れるかを考えてみましょう。／徒競走のとき，必死で走った。（　　），二着だった。」そのうえで，「文章を書くときには，自分の考えや気持ちに合ったつなぎ言葉を使いましょう。」という説明を行う。ここでは，実際に児童が書きうる表現を用いて課題が提示されている。また，書くときの「気持ちのちがい」による表現の差異に注目するなど，児童が文章を書くプロセスに役立つように学習事項を示している。このように，「書くこと」に生きる文法指導教材も，具体的な活動に即し，児童の表現活動に資するよう構成する必要がある。

以上のように見てくると，他領域における言語活動に文法を生かそうとする場合，「読むこと」「書くこと」それぞれに求められる文法事項が異なることがわかる。今後は，各領域の言語活動に生きる文法指導の体系をそれぞれ構想する必要がある。

2．文法的意識をもつことを重視する教材

「書くこと」「読むこと」といった領域に生きること以上に，文法事項そのものについて比較したり，推測したりする活動を重視するアプローチがある。このような立場に立つ文法指導教材には，たとえば次のようなものがある。

（1）似た表現を比較することを通して，文法事項の差異による伝わり方の

差異を理解する教材

　　たとえば「米洗う前（に／を／へ）蛍が二つ三つ」といった表現における，助詞がもたらす解釈の差異を理解する教材。

（2）文法規則などを推測することを通して，無意識に用いている日本語の規則を理解する教材

　　たとえば「恋する」「愛する」といった動詞における，活用のバリアントの相違（「恋しない」はサ変，「愛さない」は五段）から活用の種類について理解する教材。

（3）あいまいさや不自然さを感じる文について分析することを通して，その原因となる文法事項について理解する教材。

　　「私は友達と旅行に行く計画を立てた。」といった表現における，あいまいさの原因（複数のかかりうけの可能性）を理解する教材。

　どのアプローチをとった場合でも，児童自身の比較・推測・分析といった活動を促進するように教材を開発する必要がある。

参考文献

森山卓郎編（2012）『日本語・国語の話題ネタ』ひつじ書房.

倉澤栄吉（1959）『文法指導』（『倉澤栄吉国語教育全集』第6巻所収）朝倉書店.

　　　　　　　　　　　　　　　　　　　　　　　　　　（勘米良祐太）

Q 13　かな文字指導教材をどのように構成するか

1．文字の機能や構造に気づいて文字に親しむための教材

　子どもたちは，生活の中でさまざまな文字に触れることによって，文字の機能や構造に気付き，文字を読み書きする主体として自己を位置付けていく。この読み書きの導入期によく用いられる教材が絵本である。

　絵本の読み聞かせによって，子どもは文字が読まれうる記号であることに気付き，文字を指でなぞったり，読む真似をしたりするようになる。また，文字は線分で構成されているということに気付き，いわゆる「線描き」を行うようになる。線を描くことによって，書くという行為を楽しみながら文字らしき形を書くようになっていく。しだいに，文字を用いれば誰かに思いを伝えることができるという機能に気付き，絵と文字らしきものを織り交ぜたお手紙を書いたりするようになる。「お手紙ごっこ」や，文字のはんこを用いた「はんこ作文」などが，この頃の教材として用いられる。また，かな文字に関する絵本も多数出版されているため，読み聞かせを行うことでかな文字に対する興味・関心を高めていく。

　自分にとって最も親しみのある文字である名前を書き記して他者に伝える「名刺交換」や，主に学校生活で目にする文字を見付けていく「身の回りの文字探し」に関する教材は，複数の小学校国語教科書や書写教科書に採録されている。

2．音と文字とを対応させるための教材

　かな文字を読み書きする導入学習でよく用いられるのは，「音韻分析」に関わる教材である。語の音韻分析とは，「語を構成している音韻の系列を分析し，その音韻の順序的構成，及びその音韻の言語学的な特質の理解を基礎に語の音韻的組織，構成を知る知的な行為，技能」（天野清，2005, p.147）であり，かな文字の習得に欠かせない能力である。

（1）直短音の読み書き教材

　まず，語を構成している音の数や順序に気付かせるための教材として，「あり」「あひる」などの絵の横に音節（拍）に対応させた記号を付した教材がある。この教材を用いて，語を構成している音節（拍）の数や順序に気付かせていく。そして，記号だけでなく語を構成する一部の文字を提示する教材を用いて，抽出した音と文字とを対応させる学習を行う。しりとりや言葉の積み木（パズル）などの教材も，音韻分析に関わる教材である。清音の直短音のみで構成される語の学習を行った上で，次に「かき」と「かぎ」など，清音と濁音を比較してその違いに気付くための教材を用いる。この頃，五十音表を手掛かりとしながら，いくつかの文字を組み合わせて語をつくる活動を行い，言葉を紡ぐ学習へとつなげていく。

（2）撥音・促音・長音・拗音を含む語の読み書き教材

　「撥音」（ん）は単独で発音することができるため，取り立て教材を用いない場合も多い。ただし，書くときに脱落させてしまうこともあるため，「かば」と「かばん」と「かんばん」等の比較できる例を示した教材を用いて学習を行う場合もある。「促音」を含む語は，「ねこ」と「ねっこ」等を例示した教材を用いて拍（モーラ）を意識させる。「長音」を含む語は，「おばさん」と「おばあさん」などの語が例示されている教材を活用して音の長さの違いを意識させるとともに，その長音の母音が何列なのかを理解できるようにする。そのため，多くの教科書教材は，五十音表と対応させて列ごとに色を変えて表示する工夫が施されている。エ列とオ列の特例表記については，「とけい」や「こおり」など身近な語を例に挙げて表記のきまりについて指導する。

　「拗音」を含む語は，「くじゃく」や「ジャム」などを例示し，音節に対応した記号を手掛かりとしながら，拗音は一音節を二文字で書き表すことに気付かせる。また，拗音と長音，撥音，促音などが組み合わさった語の表記の仕方も難しいため，「きゅうり」「しゃしん」「しょっき」などの語が示された教材を活用して書き方を指導する。さらに，「びよういん」と「びょういん」等を併記した教材を活用し，文字の大きさに注意しながら書けるようにする。

3．字形を認識して書けるようにするための教材

　かな文字学習にとって，文字の構造的な特質に気付き，字形を認識して書けるようにすることも重要である。まず，文字学習の準備段階で用いる教材として，野沢茂（1963）の研究では，文字を図形として見たときに，図形そのものに具体的な意味はないこと，大きさや色は問題にならず，線の結合関係や向きが重要であることに，段階的に気付かせていくための教材が提案されている。石森延男（1949）が，「あかいはな」と黄色や緑色の文字で書いても赤い花を意味することに気付かせようとした学習もこれに該当する。また，準備期には「鉛筆の持ち方」や「文字を書く姿勢」に関わる教材を配置して，書くことの基礎力を養う。

　次に，「あ」「め」「ぬ」などの似ている文字を提示し，似ているところや違いに気付かせるための教材を用いる。また，「とめ」「はね」「はらい」「おれ」「まがり」に注意して書いたり，文字の回りを囲んで形の特徴に気付かせたりするための教材を活用する。自分で文字の誤りに気付き，字形を整えて書こうとする姿勢を育むためには，伝える相手を意識した言語活動と組み合わせて教材を用いることも大切である。

参考文献

天野清（2005）「かな文字の読み・書きの習得と音韻（節）分析の役割」『中央大学教育学論集』47，pp.145-203.

石森延男（1949）『國語学習の入門』金子書房.

柴崎正行（1987）「幼児は平仮名をいかにして覚えるか」『保育の科学』，pp.187-199.

野沢茂（1963）「文字教育の段階的な進め方・その指導案 ― 入門期の文字指導」『教育』13（12），pp.18-29.

（長岡由記）

Q14 国語科で情報をどのように扱うか

1. 学習指導要領における「情報の扱い方に関する事項」から

平成29年改訂小学校学習指導要領には，「知識及び技能」に，「情報の扱い方に関する事項」が新設された。そこでは，「話や文章に含まれている情報の扱い方に関する次の事項を身に付けることができるよう指導する」として，次のような事項が挙げられている。

表7-14-1　情報と情報との関係

	第1学年及び第2学年	第3学年及び第4学年	第5学年及び第6学年
情報と情報との関係	ア　共通，相違，事柄の順序など情報と情報との関係について理解すること。	ア　考えとそれを支える理由や事例，全体と中心など情報と情報との関係について理解すること。	ア　原因と結果など情報と情報との関係について理解すること。
情報の整理		イ　比較や分類の仕方，必要な語句などの書き留め方，引用の仕方や出典の示し方，辞書や事典の使い方を理解し使うこと。	イ　情報と情報との関係付けの仕方，図などによる語句と語句との関係の表し方を理解し使うこと。

「情報と情報の関係」の内容は，答申の段階では，「思考力，判断力，表現力等」にある「創造的論理的思考の側面」の「情報を多面的・多角的に精査し構造化する力」の一部に挙げられていたものであった。また，「情報の整理」は，「情報活用に関する知識・技能」として挙げられていたものである。こうした経緯からは，2つの枠組みにおける「情報」が異なる性質をもつもの（思考活動における情報と，デジタルなデータとしての情報）であると考えられる。さらに，答申に至るまでの議論の過程をたどれば，「情報を多面的・多角的に精査し構造化する力」は，文章以外の図表などの情報を含めた「テクスト（情報）」の理解や表現のためという位置付けから「文章や発話」の理解・表現へ変わり，さらに「国語」での理解・表現という位置付けに変わったことがわかる。これだけみても，「情報」を捉える文脈が複数あるこ

とがわかる。それらを相対的に把握できる視点をもつことが，国語科で情報をどう扱うかを検討する際にはまず大切になるだろう。

２．学習指導要領における２つの文脈

学習指導要領の「総則」には，「各教科においては，児童の発達の段階を考慮し，言語能力，情報活用能力（情報モラルを含む。），問題発見・解決能力等の学習の基盤となる資質・能力を育成していくことができるよう，各教科等の特質を生かし，教科横断的な視点から教育課程の編成を図るものとする」と示されている。当然，国語科のねらいは言語能力の育成であり，国語科として対応するには，例えば説明的文章教材から文章の「順序」や「原因と結果」などを学ばせ，他の文章の読みにそれらを適用させるといった活動を考えればよい。この文脈からは，主に言語情報の論理を扱うことが，情報を扱うということの意味になる。

ところが，総則によれば，情報活用能力の育成も教科横断的に行われる必要がある。この場合，国語科も他の教科と同様に情報活用能力の体系の一部を担うことになる。この方面からは，例えば『情報活用能力を育成するためのカリキュラム・マネジメントの在り方と授業デザイン』にある「情報活用能力の体系表例」のなかに「情報の扱い方」の記述がほぼそのまま掲載されているように，ICT環境を前提とした情報が扱われることが期待されている。ただし，こうした期待は国語科として培う能力に対して後づけ的に情報活用能力でもあるとするものであり，期待に応える必要はないともいえる。だが，現状では小学校の教育課程に情報科は存在していないため，「知識及び技能」に「情報の扱い方」を置く国語科の責務は小さくない。ICT環境を前提とすれば，情報はひとまとまりの文章体のものであるとは限らず，リンクのついた情報や，ページ構成の情報，あるいは映像情報なども含まれるため，たとえ「順序」であっても，そうした情報を含めて考える必要がある。

３．そのほかの言及の文脈

情報という観点はこれまでの国語科の研究においてもたびたび言及されて

きた。最も早い時期のもののひとつは，倉澤栄吉の論である。例えば倉澤栄吉（1971）は，「読書指導は，情報化社会では，もっとも中心的な仕事の一つ」と述べ，「読み手の独立が問題」という。いまでいうところの自立した読者を求めるものであるが，これは「この文章はだれがどういう意図でメッセージとしてこの情報社会に投げ出したのかというふうに考える」ような主体の育成をめざすものである。情報の背後にあるやりとりの次元を考えるということを踏まえるならば，例えば「順序」を考える際にも，どうしてそのような順序で書かれているのかということを検討することになるだろう。あるいは「考えとそれを支える理由や事例」を考えるとなると，ある種の信念体系へのアクセスを伴いうる。そうした検討を経て自らの読書スタイルを確立させていくことが，この文脈での情報を扱うということの意味になる。

　もっと最近のものでいえば，例えば，上田祐二（2018）は，大学での授業ではあるが，言語活動のなかに情報機器の操作を埋め込むかたちで実践を試みている。上田は「国語科の学習に求められるICTスキルは，（中略）問題解決や他者とのコミュニケーション過程で，その状況に応じてICTを活用するかどうかを含む多様な方法から適切な方法の選択ができること，またそのような状況を有効に支えるICT活用の仕方を実行できるかどうかといった方略的スキルである」という。情報を扱う道具についての理解と学習活動や学習内容が相互に深く関わり合っているという視点から，情報の生産過程に目を向け，協働的な学習を仕組んでいくことが，こうした議論における情報を扱うということになるだろう。

　情報をどのように扱うかということは，文脈によってさまざまである。これまでの言及に共通するのは，学習者がいま置かれている情報環境を出発点として，彼らに必要な学びのあり方を考えることである。したがって，「知識及び技能」という単なる評価の観点として「情報の扱い方」を捉えないようにすることが，国語における扱い方の一つといえよう。

参考文献・URL

上田祐二（2018）「教員養成系学部における「情報機器の操作」の実践

── 国語科のICT活用指導力にかかる資質・能力の形成を図る一つの試み『旭川国文第31号』, pp.11‐32.

倉澤栄吉（1971）『これからの読解読書指導』（『倉澤栄吉国語教育全集第11巻』）角川書店.

中央教育審議会（2016）「幼稚園，小学校，中学校，高等学校及び特別支援学校の学習指導要領等の改善及び必要な方策等について（答申）」https://www.mext.go.jp/b_menu/shingi/chukyo/chukyo0/toushin/__icsFiles/afieldfile/2017/01/10/1380902_0.pdf（2020.6.1閲覧）.

文部科学省（2019）『情報活用能力を育成するためのカリキュラム・マネジメントの在り方と授業デザイン── 平成30年度　情報教育推進校（IE‐School）の取組より』https://www.mext.go.jp/component/a_menu/education/micro_detail/__icsFiles/afieldfile/2019/09/18/1416859_01.pdf（2020.6.1閲覧）.

（砂川誠司）

Q 15 読書の教材と指導法をどのように工夫するか

1．読書の教材の工夫

（1）学校図書館資料の活用

　読書の教材を調達するには，まずは学校図書館資料を活用するのがよい。既存の蔵書を国語科の授業で使用するだけでなく，国語科の読書の授業で必要なものを，学校図書館に揃えていくようにしたい。その際に気を付けたいことは，日本十進分類法の「類」でいうと，9文学だけでなく，0総記，1哲学，2歴史，3社会科学，4自然科学，5技術，6産業，7芸術，8言語の各分野の図書も活用できるようにした方がよい。特に，0総記の図書の使用の仕方は，ぜひ国語科の授業で指導したい。

　図書だけでなく，新聞・雑誌・年鑑などの逐次刊行物も利用したい。過去に上級生が制作した文集や作品なども製本したり，パンフレット・リーフレット・チラシや，新聞の切り抜きなどをファイリング資料としたりして学校図書館に置くと，より多様な読書活動を行うことができる。司書教諭・学校司書・読書ボランティアなどの協力を得ながら，学校図書館資料を充実したい。また，学校図書館の蔵書だけでは不十分な場合，最近では自治体の公共図書館からの相互貸借制度を利用することも増えてきている。

（2）学級文庫

　小学校の国語科の授業の多くは教室で行われている。また，教室は学校生活の多くの時間を過ごす場所でもある。そのように考えるならば，学級文庫を充実させることが必要である。筆者の調査では，学級文庫の運用は学校・学級によってかなり異なり，全く設置していない学級もあれば，学校図書館の蔵書を廃棄したものを利用している学級もあった。学期あるいは月の単位で，学校図書館から借り出して入れ替えるのがよいと考える。

　小学校低学年の教室では，図鑑が常備されていることが重要である。絵本はもちろんのこと，チャプター・ブック（章がある入門的な児童書），児童書

も用意したい。中学年では辞典・事典類や理科的・社会科的な知識や情報が得られる本があるとよい。高学年の学級文庫では，これらに加えて伝記・職業などについて書かれた図書があり，それらが定期的に入れ替えられることが望ましい。

　国語科の単元に応じて，関連図書を学級文庫に入れておくのは効果がある。教科書には，その学年で読むべき図書や，教材に関連した図書の紹介記事がある。これらも学級文庫に備え，実際に触れる機会を設ける。

（3）デジタルコンテンツの利用

　これからの読書の教材を考えた場合に，デジタル読書の教材を積極的に扱っていく必要がある。児童が調べ学習で利用できるようなウェブサイトの発掘，電子書籍，デジタル新聞記事など，児童が接することのできるデジタルコンテンツを把握していきたい。

２．読書の指導法の工夫 ── 様々な機会 ──

　読書の指導法については，第3章　Q14に様々な指導法を掲載したが，問題はそれをどのような時間・機会に行うことができるかである。ここでは，その機会について述べたい。

（1）特設の時間

　小学校では，「読書の時間」あるいは「図書の時間」などと称して，毎週1時間を学校図書館に移動して自由に本を読む機会を与えていることも多い。このようなものが特設の時間である。その際に自由読書や読み聞かせだけでなく集団読書に取り組んでもよい。

（2）〔思考力，判断力，表現力等〕に関連させた授業

　平成29年改訂小学校学習指導要領では，読書が「C読むこと」ではなく，〔知識及び技能〕の（3）我が国の言語文化に関する事項に位置付いた。このことは，「C読むこと」だけでなく「A話すこと」や「B書くこと」の学習においても，読書の学習が扱えることを意味している。「A話すこと」では「話題の設定」や「情報の収集」において読書を取り入れることができる。また，「B書くこと」では言語活動例に示されているように子どもは様々な

説明や報告を行ったり，詩や物語や短歌や俳句などを作ったりするのであるが，それらの見本として様々な詩や物語や短歌や俳句を読む機会があるとよい。

「Ｃ読むこと」については，言語活動例のウに，本などから情報を得て活用する活動が示されているので，参考にしたい。教科書教材を読むような授業の場合でも，教科書教材の背景知識を知るために読み聞かせを聞いたり，教科書教材で学習した読み方を応用して並行読書してきた図書を最後に紹介したりすることができる。

（3）探究的な学習に関連させた指導

国語科の授業でなく，総合的な学習の時間や他教科での探究的な学習の中でも様々な読書の機会を設けることができる。その際にどのように調べればよいか，どのように発表すればよいかなどを，国語科の授業として扱っていく必要がある。

（4）学校行事・授業外活動の利用

秋の読書週間や，朝の一斉読書，読み聞かせボランティアなど，小学校の現場では様々な読書行事が行われている。そのような行事や授業外活動との連携も図りながら，読書の指導を進めていきたい。

参考文献

足立幸子（2019）「学校図書館の活用と学校での読書教育」日本読書学会編『読書教育の未来』ひつじ書房.

（足立幸子）

Q 16　書写指導の目標をどのように考えるか

1．文字を手書きすることの意義

　近年の情報入力機器の普及による伝達手段の急激な変化にともない，小学校の教育課程における「書写」の意義が見いだしにくくなっている。「小学校学習指導要領」において，「書写」は「第2　各学年の目標及び内容」の〔知識及び技能〕に位置付けられている。また，「第3　指導計画その内容の取り扱いでは，「文字を正しく整えて書くことができるようにするとともに，書写の能力を学習や生活に役立てる態度を育てる」とされている。このことから，「書写」とは，ただ「文字を書き写すこと」だけではなく，文字の「形（書き）」，「音（読み）」，「義（意味）」のうち，「字形を正しく整えて効率よく書く」という分野を指している。ここでは，文字を手書きすることを言語教育の一領域として広く捉え，書写指導の目標を探ってみたい。

2．「書写」に至るまでの目標の変遷

　近世の手習い教育では，文字を書くことは，手本を書きながらそれを読み，語彙の学習，文体の獲得，内容の理解，手紙の書き方などの実用的技能を兼ねた総合的な言語教育であった。しかし，近代学校制度の成立以降，欧米の言語教育の影響を受けた結果，文字を手書きすることの教育は，名称を変えながらその内容領域の縮小を迫られ，時代の変化に翻弄されてきた。その過程において，文字を書くことの教育は，芸術性を重視して文字を美しく書くという芸術主義と他人に読みやすい文字を速やかに書くという実用主義の二項対立の図式であった。これは，明治期の早い段階から欧米より硬筆が流入したことにより，芸術性を重視する毛筆と実用性を重視する硬筆の対立図式として展開されてきたのである。

　芸術性のみを重視する立場の課題は，言語としての伝達性や，速記としての技術を軽視する点にあった。また，一方の実用性を重視する立場では，時

代の変化の影響を受けやすく，その意義が脆弱な基盤に立たされていること
にあった。このように，いずれかの一方に偏る目標の設定は，文字を手書き
することの意義が矮小化される危険性を孕んでいたと言える。

　加えて，こうした文字を書くことの教育における二項対立の課題は，文字
の「形」，「音」，「義」の字形にのみ関心が払われている点であった。それ
は，文字を書くことが言語教育の一環であることが十分に理解されていな
かったことに起因している。「書写」は図形描画として文字を描いているの
ではなく，読むための文字を書いている。これまでの「書写」の内容につい
て考える際，こうした学習者に生起する文字を読むこととの関係についての
効果については十分に検討されてこなかった。

　しかし，1958（昭和33）年に成立した国語科「書写」は，手本の文字を
「読みながら書き写す」という書字教育の基本を取り戻し，毛筆と硬筆を使
用して言語表現と言語理解の双方を習得する領域とされた。成立当初の「書
写」では，言語表現としてよりもむしろ語句や文章を書き写すことによる言
語理解の学習である点が強調されていたことに特徴がある。これを踏まえ，
「書写」では文字を正しく整えて書く技能に限定せず，言語領域の他の言語
学習と関連付けて目標を設定していくことが求められる。

3．「小学校学習指導要領」における「書写」の内容

　現行の「小学校学習指導要領」における「書写」の内容については，2学
年ごとに「書写に関する次の事項を理解し使うこと」として，下記のように
その内容が示されている。

第1学年及び第2学年

（ア）姿勢や筆記具の持ち方を正しくして書くこと。

（イ）点画の書き方や文字の形に注意しながら，筆順に従って丁寧に書くこと。

（ウ）点画相互の接し方や交わり方，長短や方向などに注意して，文字を正
　　しく書くこと。

第3学年及び第4学年

（ア）文字の組立て方を理解し，形を整えて書くこと。

（イ）漢字や仮名の大きさ，配列に注意して書くこと。

（ウ）毛筆を使用して点画の書き方への理解を深め，筆圧などに注意して書くこと。

第5学年及び第6学年

（ア）用紙全体との関係に注意して，文字の大きさや配列などを決めるとともに，書く速さを意識して書くこと。

（イ）毛筆を使用して，穂先の動きと点画のつながりを意識して書くこと。

（ウ）目的に応じて使用する筆記具を選び，その特徴を生かして書くこと。

＊

　以上のように，「書写」の内容は，「文字を正しく整えて書くことができる」知識及び技能が中核を占めている。

　しかしながら，小学校における「書写」では，これに加えて「書写の能力を学習や生活に役立てる態度を育てる」ことが求められている。たとえば，松本仁志（2009，pp.35 〜 37）は，作文などの「書くこと」と「書写」との関連付けについて，「文字指導における〈形（書き）〉の指導と書写指導との関係だけで考えるのではなく，〈音（読み）〉〈意味〉の指導をも含めた新たな文字指導を構想すべき」であると述べている。ここでは，「書くこと」の学びを支える書写指導の在り方として，何かを相手に伝えるために書く「相手意識」と，ある目的のもとで書く「目的意識」の2つを徹底することの必要性を説いている。つまり，小中学校における「書写」では，国語科であることを踏まえて，「目的意識」と「相手意識」に基づく文字言語によるコミュニケーション力の育成に寄与することを目標に据えているといってよい。

　こうして，「書写」と「書くこと」の領域を関連付けながら広く「文字を書くこと」の教育を進めていくことが求められる。

4．言語理解の一環としての書写の可能性

　それでは，言語教育の一環として「書写」の目標設定に向けて，さらなる可能性について言及していきたい。前述のとおり，「書写」のように教科書

などの手本を見て「文字を書くこと」において，学習者は「書くこと」とほぼ同時に「読むこと」を行っている。そのため，前述のとおり，「書写」の学習は，作文などのように言語表現行為としての「書くこと」にとどまらず，「読みながら書く」という言語理解を伴っている。

　これを踏まえ，「書写」の学習においては，いわゆる「視写」の学習と関連させ，古典，詩などの名文を書き写していくことなども有効である。つまり，「文字を書き写すこと」は，字形を整えて書くだけではなく，その意味や文体も書き取っているのである。こうした言語理解も想定した総合的な言語教育を通して児童が文字言語文化に親しむことができるよう目標を設定していくことが求められるのである。

参考文献

池田久美子（2011）『視写の教育 ─〈からだ〉に読み書きさせる』東信堂.

鈴木貴史（2015）「大正期「書キ方」教育における二項対立の克服：佐藤隆一『書の科学及書の教授』を中心として」『書写書道教育研究』（30），pp.60-69.

鈴木貴史（2017）「戦後における芸能科「習字」批判の再検討 ─ 毛筆書字教育に対する「型」批判に注目して」『書写書道教育研究』（32），pp.11-20.

松本仁志（2009）『「書くこと」の学びを支える国語科書写の展開』三省堂.

文部科学省（2018）『小学校学習指導要領解説　国語科編』東洋館出版社.

（鈴木貴史）

Q 17　小学校書写指導の実際はどのようなものか

1．書写の授業構想の視点

（1）授業構想の前提的認識

　これからの書写指導を構想するに当たっては，学習指導要領の改訂を方向付ける社会に開かれた教育課程，3つの骨格的要素からなる学力観，授業を主体的・対話的で深い学びの過程と捉えた授業改善，教科横断的な学習活動を実現することなどに着眼したカリキュラムマネージメントといった主要概念を認識しておく必要がある。これらの概念を認識しておくことが，手本に近い字形で書写できる能力の育成のみに固執した孤立的書写指導を改善する土台になるからである。すなわち，書写の授業は，学習指導要領の改訂を方向づける概念を踏まえ，国語科を含め学校教育全体で必要とされるさまざまな学習活動や日常生活の書字場面で活用できる書写力の育成を念頭に構想しなければならない。

　また，平成20（2009）年改訂小学校学習指導要領以来の方向性を受け継ぐ，我が国の言語文化としての書き文字に親しんだり理解したりすることができるようにすることも書写指導を構想するうえで重要である。

（2）授業構想の視点

　前述した前提的認識を踏まえたとき，書写の授業を構想するに当たっては，以下の各視点に留意する必要がある。

①当該単元で育成する書写力（目標）を明確にするとともに，その書写力が他の学習活動や日常生活にどのように活用されるかを自覚しておくこと。

②教科書教材だけではなく，当該単元で育成したい書写力を育成するにふさわしい学習内容（教材）を積極的に開発すること。その際には，「第3指導計画の作成と内容の取扱い」に示されている時間数などを考慮すること。すなわち，硬筆書写の教材は，文字・語・文のレベルで，さまざまな学習活動や日常生活での活用を想定し，そこに役立つ教材を開発する必要が

ある。毛筆書写の教材は，年間30単位時間程度といった限られた時間の中で効率的に書写力を高めていけるような技能の分類や指導の段階性を考えて開発する必要がある。

③学習指導方法としては，示範したり腕をとって筆遣いを体得させたりする方法だけに頼るのではなく，運筆の様子を繰り返し再生する電子機器を活用したり運筆の要領を言葉で説明したりするといった科学的な指導方法を積極的に取り入れること。また，学習指導過程においては，主体性を醸成するために「見通しをもたせる」・「学習を振り返らせる」といった活動を組み込んだり，相互評価活動等の学習の深まりを促す対話的な協働学習を組み込んだりすること。

④構想した単元の指導計画を立案するに当たっては，さまざまな学習活動と一体化し育成したい書写力が必然性をもって学習されるような学習展開を立案すべきこと。その際は，書写力を習得させてから別の学習につなげていくというボトムアップ的な指導計画よりも，ある学習活動を実現するためには必然的に書写力を習得しなければならないという基礎に降りていく学びを実現するような指導計画を立案すべきである。

　なお，硬筆書写学習と毛筆書写学習が相乗的に書写力を高めていくような指導計画の立案も視野に収めておく必要がある。

⑤学習評価に関しては，育成したい書写力に関わる学習者の実態を把握するための診断的評価（授業前）や学習過程で学びの状況を評価する形成的評価（授業中），学習活動の成果を評価する総括的評価（授業後）を，評価計画として位置付けておくこと。その際には，設定した学習指導目標に対してどの程度の実現レベルにあるのかという「目標に準拠した評価」の視点で評価することを忘れてはならない。

　さらに，形成的評価や総括的評価においては，赤ペンや朱墨で添削するといった評価方法に留まるのではなく，自己評価表や相互評価表などを活用し言葉で評価することで技能と認識とが一体的に伸びていく評価方法を工夫する必要がある。また，毛筆書写の成果物（作品）などを教室に掲示するといった評価活動だけではなく，硬筆書写の成果物も含めポートフォ

リオ（学習記録）として学習成果を整理・保存し学びの過程を振り返らせる評価活動も工夫すべきである。

２．書写指導の実際

以上の授業構想の留意点を踏まえたばあいには，以下のような授業が構想できる。

（１）単元「俳句をつくろう」（全３時間）の計画

【第１時】句作の経験を生かし，新たな句作を行う。

【第２時】自作の俳句を創作意図が豊かに表現できるように書写するために，教科書や資料（平仮名・片仮名・漢字の書体一覧）を参考にしつつ，書体や字形等を工夫しながら，筆記具を工夫して，配置・配列に留意しながら用紙に調和よく書写できるように練習する。

【第３時】書写された俳句作品を持ち寄り，合評会をする。

（２）第２時間目の学習指導計画（学習指導過程）

第２時間目の学習指導過程を示すと，以下のようになる。

①学習目標・学習内容・学習方法を把握する。

②創作意図を表現できるように自作の俳句を試し書きする。

③試し書きした俳句の書写上の問題点とその解決のための着眼点や方法を考え，それらを友達と交流する。

④解決のための着眼点や方法を意識しつつ，教科書や電子機器を活用しながら，自らの課題に焦点化しながら練習する。

⑤自己練習を踏まえ，再度，友達と交流する。

⑥相互交流を踏まえて，問題点を解決するための練習をする。

⑦練習した書写作品を自己批正しつつ，創作意図が豊かに表現されるように俳句を清書する。

⑧学習活動を振り返り，習得した技能や認識を次の書写学習や国語学習につなげていく。

（千々岩弘一）

編著者・執筆者一覧

[編著者]

長田友紀　筑波大学准教授，博士（教育学）。

著書：『国語教育における話し合い指導の研究 ― 視覚情報化ツールによるコミュニケーション能力の拡張』（風間書房，2016 年），（共編著）『初等国語科教育』（ミネルヴァ書房，2018 年）。

山元隆春　広島大学大学院教授，博士（教育学）。

著書：『文学教育基礎論の構築』（溪水社，2005 年），（編著）『教師教育講座　第 12 巻　中等国語教育』（協同出版，2014 年）。

[執筆者]（50 音順）

足立幸子	（新潟大学准教授）
植山俊宏	（京都教育大学教授）
甲斐雄一郎	（筑波大学教授）
勝田　光	（筑波大学助教）
河野智文	（福岡教育大学教授）
勘米良祐太	（名古屋女子大学准教授）
菊田尚人	（山形大学講師）
古賀洋一	（島根県立大学准教授）
小林一貴	（岐阜大学教授）
島田康行	（筑波大学教授）
鈴木貴史	（帝京科学大学准教授）
砂川誠司	（愛知教育大学講師）
住田　勝	（大阪教育大学教授）
瀧口美絵	（広島都市学園大学准教授）
田中智生	（岡山大学大学院教授）
千々岩弘一	（鹿児島国際大学教授）
寺井正憲	（千葉大学教授）
中井悠加	（島根県立大学准教授）
長岡由記	（滋賀大学准教授）
中野登志美	（宮崎大学准教授）

舟橋秀晃　　（大和大学教授）

間瀬茂夫　　（広島大学大学院教授）

松友一雄　　（福井大学教授）

松本仁志　　（広島大学大学院教授）

三藤恭弘　　（福山平成大学教授）

村井隆人　　（中国学園大学講師）

山下　直　　（専修大学教授）

山元悦子　　（福岡教育大学教授）

若木常佳　　（福岡教育大学大学院教授）

装幀：奈交サービス株式会社
DTP：片野吉晶

新・教職課程演習　第10巻

初等国語科教育

令和3年11月30日　第1刷発行

編著者　長田友紀 ©
　　　　山元隆春 ©

発行者　小貫輝雄

発行所　協同出版株式会社
　　　　〒101-0054　東京都千代田区神田錦町 2-5
　　　　　　　　　　電話　03-3295-1341（営業）　03-3295-6291（編集）
　　　　　　　　　　振替 00190-4-94061

印刷所　協同出版・POD工場

ISBN978-4-319-00351-8

新・教職課程演習

広島大学監事 野上智行 編集顧問

筑波大学人間系教授 清水美憲／広島大学大学院教授 小山正孝 監修

筑波大学人間系教授 浜田博文・井田仁康／広島大学名誉教授 深澤広明・広島大学大学院教授 棚橋健治 副監修

全22巻　A5判

協同出版